事例で学ぶ 改正生協法

日本生活協同組合連合会会員支援本部・編著

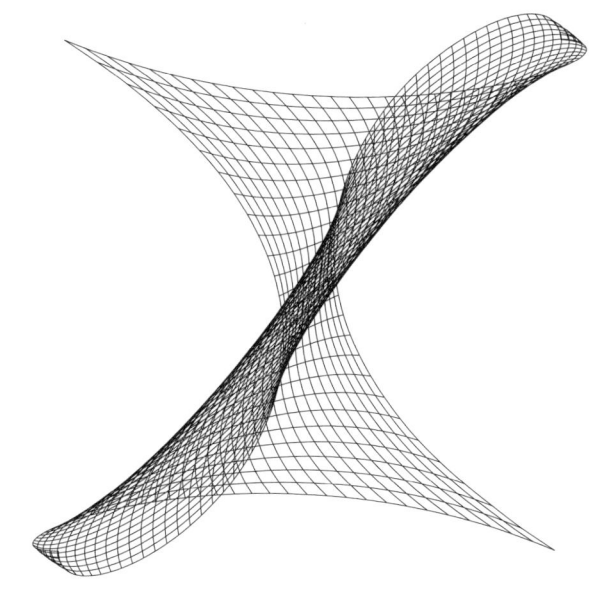

日本生活協同組合連合会

新版発刊にあたって

　2008年4月に改正生協法が施行されてから、2年近くが経過しました。この間、全国の生協では、定款・規約の改正や実務の整備など、改正生協法への対応が進められています。改正生協法と関連する政省令（施行令、施行規則）では、生協の組織・事業・運営の全般にわたって詳細な規定が設けられ、規定のボリュームも旧法とは比較にならないくらい多くなりました。そうした状況の中で、生協運営を法令に則して適正に行っていくことは、引き続き実践的な課題となっています。

　日本生協連では、旧法のもとで、全国の会員生協から寄せられる法律相談に対応するとともに、蓄積された法律相談事例の中から130件あまりをピックアップして『生協法の法律相談事例集』（1996年刊）を刊行していました。その後、2005年には、650件あまりの法律相談事例から検索できる『法律相談データベース』を作成し、会員生協に提供してきました。これらの書籍、資料については、法改正に伴って改定が求められていました。

　改正生協法施行前の準備段階から2年を超える期間の間に、改正生協法に関する法律相談が全国の会員生協から数多く寄せられています。日本生協連では、この間、法令や模範定款例などに関する情報提供、モデル規約や実務指針の作成・提供などとともに、会員生協から寄せられる法律相談事例を文書化し、蓄積してきました。このほど、そうした法律相談事例や、旧版の法律相談文書を改正生協法適用により修正したものの中から、750件あまりの事例をピックアップし、『法律相談データベース』を全面的にリニューアルしました。併せて、事例に則しながら生協法の基本的な内容について学ぶための書籍として、本書を刊行することにしました。

旧事例集は主に実務上の疑問点に応えることをねらいとしていましたが、本書はそうした性格も持たせつつ、全体を通して生協法の基本的な内容に関する理解を深めていただけるように、という学習本としての位置づけも意識した編集となっています。そのため、相談事例は88件を厳選し、 知っ得メモ という形で基本的な知識について補強するという形をとっています。また、領域も生協の日常運営に関する分野にしぼり、設立・解散・合併などについては割愛することで、全体としての分量を抑えています。

　法令に則った適正な運営のためにも、新しく発刊された本書を全国生協の役職員の方々の必携の書として、有効にご活用いただきたいと考えております。

　なお、実務上の疑問につきましては、本書で割愛した設立・解散・合併に関するものも含め、『法律相談データベース』（会員制WEBサイト『会員支援ホームページ』）に多数の事例が収録されておりますので、積極的にご活用ください。また、内容に関する疑問や新たな法律相談については、会員支援本部　法規会計支援室　宛にご連絡ください。

2010年2月
日本生活協同組合連合会
会員支援本部
法規会計支援室長　宮部　好広

総目次

第1章　総則　11頁〜18頁

1−1　『株式会社○○生協』という商号は使用できるか
1−2　定款に定める区域の変更について認可は必要か
1−3　県域を越えた区域設定の具体的範囲はどこまでか
1−4　定款に記載する「従たる事務所」に該当するのは、どのような事務所か

第2章　事業　21頁〜53頁

2−1　1事業年度が1年を超える場合の取扱いはどのようにすべきか
2−2　生協は各種サービス事業をどの範囲まで行うことができるか
2−3　生協の店にテナントを導入することができるか
2−4　利用していない土地を他の事業者等に賃貸することに法的問題があるか
2−5　自生協のPB商品を他の生協に供給する場合に員外利用許可は必要か
2−6　教育的活動をしているNPOは教育文化施設等の員外利用適用はあるか
2−7　員外利用分量は年度単位で把握することで良いか
2−8　地域生協化記念セールの宣伝ビラを一般住民に配布してもよいか
2−9　生協法上の子会社・子会社等の定義は何か
2−10　生協法上の「子会社等」に関して「業種の制約」はあるか
2−11　商品取引にかかわって上場会社の株式を取得することは可能か
2−12　連合会以外の他の団体への加入又は脱退は総（代）会議決事項か
2−13　マンガのキャラクターの使用は、著作権法上どこまで許されるか
2−14　抽選会として景品付きの供給を行う場合の限度額はどのくらいか
2−15　生協の資金運用についてどのように考えるべきか

第3章　組合員　57頁〜95頁

3−1　一定期間だけ県内に居住する方に組合員資格はあるか
3−2　退職者組合員となる場合には何らかの手続きが必要か

3－3	自由脱退の場合に組合員たる地位は出資金の払戻しまで残るのか
3－4	連合会の会員が解散した場合、連合会からの法定脱退日はいつか
3－5	除名する組合員の氏名を総代会当日に提案することはできるか
3－6	出資金の払込の履歴を組合員名簿に記載しておく必要はあるか
3－7	所在不明組合員の脱退処理等をどのように行えば良いか
3－8	加入時出資金を口座引落してもよいか、そのための定款変更は可能か
3－9	累積赤字が存在する場合、出資金の払戻しについてどう考えるべきか
3－10	積立増資を1口未満単位で行う場合、定款の変更が必要か
3－11	出資口数の減少を年2回、半期ごとに認めているが法との関係はどうか
3－12	出資1口の金額を増額する場合にどのような手続が必要か
3－13	出資1口金額を5000円から1000円に引き下げることはできるか
3－14	定款において複数口の出資を義務付けることはできるか
3－15	組合員借入金の受取証はいつまで保存すべきか
3－16	利用分量割戻金と供給未収金を相殺することはできるか
3－17	生協の組合員に対する供給未収債権の時効は何年か
3－18	組合員訴権の各訴訟について提訴期限はどうなっているのか

第4章　定款・規約　99頁～108頁

4－1	子育て支援事業に関する定款の記載をどのようにすべきか
4－2	定款変更議決と変更後の定款による役員選挙を同じ総会で実施できるか
4－3	規約・規則の位置付けはどう考えればよいか
4－4	総(代)会の議決を経ずに行うことのできる規約変更はどこまでか

第5章　役員等　111頁～155頁

5－1	総代は役員候補になれないか、役員就任時点で総代退任でもよいか
5－2	役員の欠格事由に該当しないことをどう確認すべきか
5－3	定款上で「定数を欠く」と定めている場合の「定数」とは何か
5－4	期中で増員した役員の任期はどうなるか
5－5	役員選挙の際の選挙運動を選挙公報への掲載だけに限定できるか
5－6	役員選挙の立候補受付期間を総代会当日までとする必要があるか

5－7　役員選任制を採用した場合、立候補する権利はどうなるか
5－8　任期途中に理事が辞任し、定数を欠いたまま運営してきたが、問題はあるか
5－9　役員報酬をなぜ総代会で決めなければならないか
5－10　役員の生協に対する法的責任とは具体的にどのようなものか
5－11　任期途中の理事の辞任届を理事会で了承しないことができるか
5－12　理事会招集の際に議案書を事前に送付しなければならないか
5－13　議長を除くと定足数に満たない理事会でなされた議決は有効か
5－14　役付理事の互選を総代会の翌月の理事会で行っても問題はないか
5－15　子会社等との取引は自己取引に該当するか
5－16　役員報酬の配分決議の際に特別利害関係理事の規定は適用されるか
5－17　理事会議事録には、どの程度の内容まで記載しなければならないか
5－18　代表理事と理事長、専務理事等との関係をどう捉えるべきか
5－19　監事会設置は必要か、監事会と各監事の権限との関係はどうか
5－20　決算関係書類等の監査が早くできた場合、監査報告を早く提出してもよいか
5－21　任意の外部監査を行う公認会計士の選任に、総代会議決は不可欠か

第6章　総（代）会　159頁〜191頁

6－1　総代の任期を2年とすることはできるか
6－2　組合員の家族が総代に立候補できるか
6－3　定款上の定数を下回る数の総代を選出した総代選挙は有効か
6－4　主たる事務所の所在地と別の場所で総代会を開催することに問題はあるか
6－5　総代会招集通知の際に議案をあわせて事前送付する意味と根拠は何か
6－6　委任状や書面議決書提出後に総代が脱退した場合の効力はどうなるか
6－7　総代会の書面議決書の提出期限を「総代会の前日まで」と定められるか
6－8　宛名のない委任状は理事会への委任とみなしてよいか
6－9　総代会の成立要件である、「総代の半数以上」の基準は何か
6－10　3人が交替して議長を務める場合、採決時の扱いをどうすべきか
6－11　総代会議決のない物流センター購入を、理事会決定でできるか
6－12　総代定数変更に係る定款と規約の変更は1つの議案として提案できるか
6－13　通常総代会で否決された議案を臨時総代会に付議できるか

6-14　総代会で議案の修正として認められるのはどの範囲か
6-15　総代会での採決の際に賛成にだけ挙手を求める方式は可能か
6-16　総代会議事録に議事録署名人なしでもよいか

第7章　会計・開示・公告その他　195頁～215頁

7-1　医療事業の剰余を他の事業にまわすことができるか
7-2　法定準備金等の当期剰余金に対する割合は税引後で計算してよいか
7-3　任意積立金を取り崩して割り戻すことができるか
7-4　利用分量割戻しを業態ごと、事業所ごとで分けて実施することはできるか
7-5　出資額が一定金額以下の組合員に出資配当しないという扱いは可能か
7-6　理事会議事録を開示しなくて良い「正当な理由」とはどのようなものか
7-7　公告の方法は、事務所店頭の掲示のみでもよいか
7-8　欠損金を生じた場合、任意積立金等により填補しなければならないか
7-9　定款変更と代表理事選定に伴う変更登記の時期はいつか
7-10　選挙の効力が法的に争われる手段としてどのような方法があるか

第1章

総則

[名称]
1−1 『株式会社〇〇生協』という商号は使用できるか
[区域]
1−2 定款に定める区域の変更について認可は必要か
1−3 県域を越えた区域設定の具体的範囲はどこまでか
[事務所]
1−4 定款に記載する「従たる事務所」に該当するのは、どのような事務所か

[名 称]

1-1

『株式会社○○生協』という商号は使用できるか

> 『株式会社○○生協』という商号を使用しているスーパーがあるが、生協法との関係で問題があるのではないか。

　生協法の規定により、『株式会社○○生協』という商号は使用できません。

　生協法第3条第2項では、「消費生活協同組合又は消費生活協同組合連合会でない者は、その名称中に、消費生活協同組合若しくは消費生活協同組合連合会であることを示す文字又はこれらと紛らわしい文字を用いてはならない」と規定しています。これは、生活協同組合が「特別法をもって規律され他の法人又は団体と異なった機能をもち、異なった運営がなされているから、その名称によって容易に他の法人又は団体と識別されることが必要である」（第一法規『消費生活協同組合法逐条解説』P43）という理由に基づくものです。

　「生協」という文字は、現在では消費生活協同組合を示すものとして広く社会的に定着していますので、上記の規定に言う「消費生活協同組合若しくは消費生活協同組合連合会であることを示す文字」に該当すると解されます。したがって、生協以外の団体、法人等がその文字を名称の中に使用することは、一般消費者が当該団体、法人を消費生活協同組合と誤認することにつながるおそれがあります。

　以上のことから、本事例のような商号の使用は、生協法第3条第2項に違反していますので、同法第101条により行政罰の対象となり、10万円以下の過料に処せられることになります。

[名　称]

> **知っ得メモ　No.1**　生協の名称に関するルール
>
> 　消費生活協同組合法（以下「生協法」という）第3条は、生協の名称に関して以下の3つのルールを定め、これを通じて一般消費者が誤認することなく生協であることを認識できるよう名称保護を行っています。
>
> ①．生協の名称には、単位生協では「生活協同組合（or 消費生活協同組合）」、連合会では「生活協同組合連合会（or 消費生活協同組合連合会）」の文字を用いることの義務付け。
>
> ②．他の法人・団体に対して、生協であることを示す文字や紛らわしい文字を名称中に用いることの禁止。
>
> ③．生協が他の者に自己の名称の使用を許諾することの禁止。

[区　域]

1-2

定款に定める区域の変更について認可は必要か

> 定款の区域を変更した場合、認可は必要か。登記は認可前にするのか。

　定款区域の変更には行政庁の認可が必要であり、その認可書が到達した日から2週間以内に変更登記を行う必要があります。

　生協法第26条第1項第3号に定める通り、区域は定款の絶対的記載事項であり、かつ、同法第40条第4項では「定款の変更（厚生労働省令で定める事項に係るものを除く。）は、行政庁の認可を受けなければ、その効力を生じない」と規定されています。同項カッコ書き中の「厚生労働省令で定める事項」とは、省令（生協法施行規則）第159条で事務所の所在地の変更と関係法令の改正に伴う規定の整理のみとなっていますので、定款の区域を変更した場合は、行政庁の認可を受けてはじめて効力が発生することになります。

　なお、変更の登記については、同法第75条第1項で、「組合において前条第2項各号に掲げる事項に変更が生じたときは、2週間以内に、その主たる事務所の所在地において、変更の登記をしなければならない」と定め、また、同法第91条では、「行政庁の認可を要するものの登記の期間については、その認可書の到達した日から起算する」と定めています。したがって、定款区域変更の登記は、認可書の到達した日から2週間以内に、主たる事務所の所在地において行う必要があります。

[区　域]

> **知っ得メモ　No.2　生協における「区域」の制限**
>
> 　生協は一定の地域または職域における人と人との結合体ですから、本来的には、その「区域」も生協ごとの実情（人と人とのつながりの状況）に応じて自由に設定することができるものです。
>
> 　しかし、この区域の設定には生協法上の制限が2つあります。1つは、地域または職域のどちらかの形で設定しなければならないこと、もう1つは、都道府県を越える区域の設定が原則として認められていないということです。
>
> 　後者については、例外として連合会の場合と職域生協で職場が複数県にまたがっている場合は、これまでも都道府県を越える区域の設定が認められていました。今回の生協法改正では、これに加えて、購買事業の実施のために必要である場合には、地域生協についても、主たる事務所の所在地の隣接都府県の範囲（隣接都道府県ではありません！）で県域を越えて区域を設定することができるなどの部分的な規制緩和がはかられました。
>
> 　なお、元受共済事業を兼業する地域生協は、引続き隣接都府県への区域の拡大ができないことになっています。

1-3 県域を越えた区域設定の具体的範囲はどこまでか

> 県域を越えた区域の設定に関し定款変更の認可を受ける際に、区域の設定の具体的な範囲はどこまでなのか(市単位か、町村単位か)。隣県全域を区域として設定できるのか。

　行政庁によって「合理的に事業を実施する」範囲として判断されれば、隣接する都府県全域を区域として設定することも可能です。

　改正生協法では、地域生協は、購買事業の実施のために必要がある場合には、主たる事務所の所在地の都府県に隣接する都府県を区域として、これを設立することができる、と規定しています(生協法第5条第2項)。
　この県域を越えた区域の具体的範囲について法令上の規定はありませんが、各都道府県生協担当係長宛ての生協第2係長名の事務連絡(平成21年4月27日付)では、「地域組合の隣接都府県への区域拡大に当たっては、当該地域組合において、拡大区域における要望や事業の特性などが総合的に考慮された上で、合理的に事業を実施する範囲として区域が設定されている」ことを区域拡大前の所管行政庁の判断基準としており、同年1月16日付の事務連絡に記載されていた「同一の生活圏を形成する範囲に限って認められる」「原則として市町村単位で記載」などの記載は削除されました。これは、県域を越えた区域の設定は、本来的に生協の自主的な判断によるものであるとの考え方によるものと思われます。
　以上から、購買事業の実施のために必要がある場合は、それが行政庁によって「合理的に事業を実施する範囲」と判断されれば、隣接する都府県全域を区域として設定することも可能であると考えます。

[区　域]

> **知っ得メモ　No.3**　県域を越えた隣県生協同士の合併
>
> 　県域を越えた隣県生協同士の合併は、生協法第5条第2項によって可能です。
> 　生協法第5条第2項の規定に基づいて県域を越えて地域生協を設立することができるのは、「第10条第1項第1号の事業（＝購買事業、引用者注記）の実施のため必要がある場合」であり、この場合には主たる事務所の所在地に隣接する都府県の範囲内で、必要性に応じて県域を越えた区域設定ができます。県を越えた生協同士の合併については、法律上は特に規定されていませんが、上記の規定が適用されるものと解されています。

[事務所]

1-4

定款に記載する「従たる事務所」に該当するのは、どのような事務所か

> 定款に記載する「従たる事務所」に該当するのは、どのような事務所か。店舗、宅配事業センター、ピッキングセンター等を「従たる事務所」として登記する必要があるか。

　「従たる事務所」とは、ある程度独立した事業管理・統括機能を有する事務所で、「主たる事務所」と別の場所にあるものが該当します。したがって、店舗等を「従たる事務所」として登記する必要はありません。

　「従たる事務所」は法律上の概念ですが、何が「従たる事務所」にあたるかについて、模範定款例第5条「解説」では、「『従たる事務所』とは、主たる事務所と所在地を異にし、主たる事務所の統括のもとではあるが、ある程度独立して組合の事業を管理運営する場所をいい、いわゆる物資の供給のみを行う供給所（店舗）及び供給所支所（出張所）のようなものは事務所には含まれない。」としています。この解釈によれば、ある程度独立した事業管理・統括機能を有する事業所で、「主たる事務所」と別の場所にあるものが、「従たる事務所」に該当すると解されます。

　店舗、宅配事業センター、ピッキングセンター等は、物資の供給やそれに付随する作業のみを行う施設であり、「ある程度独立して組合の事業を管理運営する場所」とはいえません。したがって、店舗等を「従たる事務所」として登記する必要はありません。

[事務所]

> **知っ得メモ　No.4　従たる事務所を設置した場合の手続**
>
> 　「事務所の所在地」は、主たる事務所、従たる事務所を問わず定款の法定記載事項です（生協法第26条第1項第4号）。したがって、従たる事務所を設置した場合には、その所在地を定款上に規定する必要がありますので、定款変更が必要となり、総(代)会の特別議決を得なければなりません。
>
> 　ただし、事務所の所在地の変更については行政庁の認可は不要とされ、届出事項となっておりますので（同法第40条第4項カッコ書、同条第8項、施行規則第159条）、従たる事務所の設置に関わる定款変更を行った旨を所管行政庁に届け出ることで済みます。
>
> 　また、「事務所の所在場所」は登記事項となっていますので（同法第74条第2項第2号）、登記事項に変更が生じたときは、その主たる事務所の所在地において2週間以内に変更の登記を行うことが必要であり（同法第75条第1項）、従たる事務所の所在地においても3週間以内に登記を行う必要があります（同法第81条第1項第3号）。なお、従たる事務所が主たる事務所の所在地を管轄する登記所の管轄区域内にある場合は、その必要はありません。

第2章

事業

［事業年度］
2-1　1事業年度が1年を超える場合の取扱いはどのようにすべきか
［事業の範囲／組合員を対象とする事業］
2-2　生協は各種サービス事業をどの範囲まで行うことができるか
2-3　生協の店にテナントを導入することができるか
［事業の範囲／付随する事業］
2-4　利用していない土地を他の事業者等に賃貸することに法的問題があるか
［員外利用］
2-5　自生協のPB商品を他の生協に供給する場合に員外利用許可は必要か
2-6　教育的活動をしているNPOは教育文化施設等の員外利用適用はあるか
2-7　員外利用分量は年度単位で把握することで良いか
［広告］
2-8　地域生協化記念セールの宣伝ビラを一般住民に配布してもよいか
［他の団体との関係／子会社等］
2-9　生協法上の子会社・子会社等の定義は何か
2-10　生協法上の「子会社等」に関して「業種の制約」はあるか
［他の団体との関係／その他］
2-11　商品取引にかかわって上場会社の株式を取得することは可能か
2-12　連合会以外の他の団体への加入又は脱退は総（代）会議決事項か
［他の業法との関係］
2-13　マンガのキャラクターの使用は、著作権法上どこまで許されるか
2-14　抽選会として景品付きの供給を行う場合の限度額はどのくらいか
［事業その他］
2-15　生協の資金運用についてどのように考えるべきか

[事業年度]

2-1

1事業年度が1年を超える場合の取扱いはどのようにすべきか

> ○○年5月の総代会で定款を変更し、決算終期を3月20日から3月31日とした。税務上は○○年3月21日～△△年3月20日の決算と△△年3月21日～△△年3月31日の決算とを分けて申告しなければならないが、総代会には両方の決算関係書類等を議案書として提出しなければならないか。

　決算の承認に関する総代会への提案については、○○年3月21日から△△年3月31日までを事業年度とする決算関係書類等を提出することになります。

　事業年度は、生協法第26条第1項第15号により定款の記載事項であり、各生協においては1年という期間において定めているのが通例です。本事例のように事業年度の始期・終期を変更する場合には、変更を行う事業年度が1年を上回る場合がありますが、この場合の扱いについて問題となります。

　事業年度について、生協法施行規則第69条第1項では、原則として1年を超えることができないとし、「事業年度の末日を変更する場合における変更後の最初の事業年度」については、1年6ヶ月を超えることができないと定めています。本事例は事業年度の末日を変更するケースなので、○○年3月21日～△△年3月31日の期間を1事業年度とすることができます。

　もちろん、○○年3月21日～△△年3月20日の期間を1事業年度、△△年3月21日～△△年3月31日の期間を1事業年度とすることは可能ですが、通常総代会は法第34条により毎事業年度1回招集しなければならないため2回の開催が必要となり、煩雑です。

　毎事業年度の決算関係書類等に関しては、同法第40条第1項第7号に

[事業年度]

より総(代)会の議決事項であり、当然のことながら、1事業年度を通算した決算関係書類等を総(代)会に提出することが必要となります。したがって、事業年度が1年を超えた場合であっても、総(代)会には全期間を通算した決算関係書類等を提出することが必要です。

知っ得メモ　No.5　「決算関係書類」と「決算関係書類等」

　法定の外部監査が義務付けられていない生協の「決算関係書類」の構成と「決算関係書類等」の体系は以下のとおりです。

(1) 決算関係書類
　①. 貸借対照表
　②. 損益計算書
　③. 剰余金処分案又は損失処理案
　④. 注記
(2) 事業報告書
(3) 決算関係書類の附属明細書
(4) 事業報告書の附属明細書
(5) （監事）監査報告書

　　　　　　　　　　　　　　　　　──決算関係書類等

　生協は、各事業年度ごとに決算関係書類と事業報告書、それぞれの附属明細書を作成しなければなりません（生協法第31条の7第2項）。そして、監事の監査を受けなければならず（第5項）、監事の監査を受けた後、理事会の承認を得る必要があります（第6項）。このうちの決算関係書類と事業報告書については、通常総(代)会の招集通知に添付して総代(組合員)に提供するとともに（第7項）、監事の監査報告書を添付して通常総(代)会の承認を得なければなりません（第8項）。

　そして、決算関係書類とその附属明細書は作成時から10年間保存しなければならず（第4号）、決算関係書類等については、主たる事務所に通常総(代)会の2週間前から5年間備置き（第9項）、従たる事務所にはその写しを2週間前から3年間備置きし（第10項）、組合員や債権者の閲覧、謄本・抄本の交付の請求に応じなければなりません（第11項）。

[事業の範囲／組合員を対象とする事業]

2-2

生協は各種サービス事業をどの範囲まで行うことができるか

> 住宅修理、緑化事業、清掃事業などの事業を生協の事業として行うことは可能か。

　生協法上は、組合員を対象とする限り、広い範囲の各種サービス事業を行うことができますが、各分野の関連法による規制との関係でできない事業もあり得ます。

　生協が組合員の生活に役立てる目的で各種の施設を設置し、あるいはサービスを提供することは、生協法第10条第1項第2号の「組合員の生活に有用な協同施設を設置し、組合員に利用させる事業」に該当します。この「協同施設」については、「土地、建物（住宅）、器具、機械等の物的施設、食堂、喫茶、美容院等の人的及び物的施設、さらには家屋の修繕員、庭師等の人的施設を含むものであり、このような施設を、組合が自ら施設し若しくはサービスを提供する場合、又は他人の施設を有償若しくは無償で借受け（組合が管理権を有している場合に限る。）、それを組合員に利用させる場合等多くのサービス事業が利用事業に含まれる」（模範定款例第3条「解説」）とされています。したがって、組合員の要求に基づいて組合員を対象として行う限り、各種のサービス事業を行うことはかなり広い範囲で認められると解して良いと思われます。

　ただし、ビル清掃等を主として他の企業等を対象に生協の事業として行うことは、生協法の趣旨に鑑みて認められません。また、組合員を対象として行うものであっても、各分野の関連法との関係で不可能なものについては行うことができません。例えば、特別養護老人ホームについては、老人福祉法第15条により設置できる者が都道府県・市町村、地方独立行政法人、社会福祉法人のいずれかに限られているため、生協が設置することはできません。

[事業の範囲／組合員を対象とする事業]

　なお、組合員を対象として各種サービス事業を行う場合には、定款にその事業を記載する必要があります。定款において事業を定めた条文（模範定款例では第3条）に、「組合員の生活に必要な協同施設を設置し、組合員に利用させる事業」という規定を加え、事業の品目等を定めた条文（模範定款例では第62条）にその種類を具体的に記載することが必要です。

> **知っ得メモ　No.6　斡旋事業等の位置付け**
>
> 　生協法は、第10条第1項各号において生協の行い得る事業を制限的に列挙しており、生協はそれ以外の事業を行うことができません。これらのうち、第1号（供給事業）については、生協の所有する物資を組合員に供給する事業を指し、第2号（利用事業）については、生協の管理する施設（物的施設であれば所有権、賃借権等に基づく使用収益権がある施設、人的施設であれば雇用契約に基づく指揮命令権がある施設）を組合員が利用する事業を指します。
>
> 　一方、生協においては、各種サービスの斡旋事業や、一定の事業者を指定店として登録し、当該事業者から組合員が物資を購入したり、サービスを利用した場合に割引となる、いわゆる指定店事業を実施することがあります。こうした事業においては、事業の利用に係る契約が組合員と斡旋先の事業者や指定店との間で直接締結されている限り、そこで供給される物資は生協が所有するものではなく、提供されるサービスも生協が管理する施設により提供されるものではないため、供給事業や利用事業には該当しません。しかし、生協が自ら行う事業だけでは組合員のニーズに応えられない場合に、他の事業者との提携により組合員に便宜を図ることは、組合員の生活の文化的経済的改善向上を図るという生協の本来目的に合致しますので、こうした事業については同項第8号の附帯事業に属するものと解するのが妥当です。
>
> 　なお、いずれの事業に附帯する事業であるかについては、物資の購入の斡旋であれば供給事業に附帯する事業、サービスの斡旋であれば利用事業に附帯する事業に属するものと解することが適切です。

[事業の範囲／組合員を対象とする事業]

2-3

生協の店にテナントを導入することができるか

> 生協の店にテナントを導入することができるか。その際に員外利用との関係で問題はないか。

生協法第10条第1項第8号の附帯事業として可能です。

　テナント店を設置する目的は、組合員の生活に有用な物資やサービスのうち、生協が直接提供することが難しいものについて他の事業者に提供させることにより、組合員の便宜を図ることにあります。

　生協とテナント店との契約形態は様々ですが、消化仕入などの形でテナント店の組合員に対する供給を生協の供給としている場合と、生協のテナント店に対する施設賃貸という形をとっている場合とがあります。前者の場合には、最終的に組合員に対する供給という形になるため、生協法第10条第1項第1号（供給事業）又は同第2号（利用事業）として行うことになり、後者の場合には、生協が他の事業者に対して生協の施設を賃貸することとなる関係で、①. 生協が行うことができる事業の範囲に含まれているか否かという点、②. 員外利用に該当するか否かという点が問題となります。

　生協の行うことができる事業の範囲について、生協法は制限列挙主義をとっており、第10条第1項各号に事業の種類を明記しています。そして、各生協は同条に規定する範囲において、定款にその行う事業を規定します。各生協は、定款に定められた目的の範囲内において権利を有し、義務を負うこととなります（民法第34条）。よって、①. の点については生協法第10条第1項各号のどの事業に該当するかということと、定款に定める目的の範囲との関係の2点が問題となります。

　テナント店との契約形態が施設の賃貸借である場合には、生協が直接

[事業の範囲／組合員を対象とする事業]

組合員に対して物資を供給したり、サービスを提供したりしていないため、第1号（供給事業）及び第2号（利用事業）には該当しないと解されます。しかし、テナント店設置の目的は、生協の本質的目的たる組合員の生活の文化的経済的改善向上に沿ったものですから、第8号（附帯事業）に該当し、生協法上、生協の行うことができる事業の範囲内であると解されます。各生協の定款においても、附帯事業を行い得ることは規定されているのが通例ですから、各生協の定款に定める目的の範囲内に含まれるものと解されます。なお、同条同項各号のいずれに附帯する事業であるかについてですが、テナント店が物品の供給を行っている場合には第1号（供給事業）に、サービスの提供を行っている場合には第2号（利用事業）にそれぞれ附帯する事業と考えることが適切です。

②.の点については、員外利用の定義がまず問題となります。

員外利用とは、「組合員の組合施設利用と競合関係に立つ形態において、員外者が組合施設を利用する」（大塚喜一郎著『判例協同組合法』）行為を指します。つまり、員外利用として問題になるのは、組合員のための供給施設を非組合員が利用するといった行為です。例えば、一般の会社を対象として貸ビル業を営むような行為は、生協法が生協に対して許容した範囲を越える違法な事業として問題になるのであって、員外利用の問題ではありません。本事例において、生協の供給施設は組合員への賃貸を目的とした施設ではないので、その一部を他の事業者に賃貸した場合でも組合員の生協施設の利用と競合する関係にはなりません。したがって、テナント店に対する生協の供給施設の一部賃貸について、員外利用の問題は生じないものと解されます。

[事業の範囲／付随する事業]

2-4

利用していない土地を他の事業者等に賃貸することに法的問題があるか

> 将来の事業上の必要性を見越して取得した土地のうち、2つの物件が未利用物件となっている。特別土地保有税の負担が重いため、その対策のために、1件は他の事業者に一括して賃貸、1件は時間貸しの駐車場経営を検討している。後者については、駐車場の整備を生協が行うことを考えているが、法的に問題があるか。

　他の事業者に一括して賃貸することは定款に定める目的の範囲内の行為であると解され、員外利用にも該当しませんが、駐車場の整備を行った上で時間貸しの駐車場を経営する場合は、組合員を対象とする事業として行うことが必要となります。

　本事例における当該土地の利用については、(a) 他の事業者に一括して賃貸する行為と、(b) 一定の投資を行い、土地を細分化した上で多数を相手方として反復継続して賃貸する行為の2種類の行為類型が問題となっています。いずれの行為類型に関しても、(1) 定款に定める生協の目的の範囲内の行為であるか否か、(2) 員外利用に該当するか否か、の2点が問題となります。
　(1) については、①. 生協の存立目的との適合性、②. 事業遂行上の客観的合理的必要性、③. 事業基盤を危うくしたり組合員の利益を害したりしないこと、という3つの要件を満たしている限り、定款に明定的記載がない場合でも、目的の範囲内の行為として有効に行い得ると解されます。
　(2) については、員外利用が「員外者が組合員と同様の利用方法で組合事業又は施設を利用する場合に生ずる概念」と解されているため、この要件に該当しない限り員外利用として法的に問題になることはない

［事業の範囲／付随する事業］

と解されます。
　以下、土地の利用形態ごとに(1)(2)の諸点について順次検討します。

　まず、(a)について検討します。
　(1)の点については、生協が遊休資産たる不動産を保有しており、かつ、当該不動産を直ちに売却することが困難である場合、当該不動産を何らかの形で活用することについては、事業遂行上の客観的必要性が認められます。また、当該不動産を他の事業者に一括して賃貸する行為は、積極的な開業準備を伴うものではなく、かつ多数を相手方として反復継続して行うことが目的とされているわけではないので、生協の存立目的に反するとはいえません。加えて、当該不動産の賃貸が事業上の重大な危険や組合員の利益の侵害につながることもありません。したがって、当該不動産の賃貸は生協の目的遂行のために必要な行為として有効に行い得るものと解されます。
　(2)の点については、当該不動産はそもそも組合員に対して賃貸することを予定したものではないので、当該不動産を賃借する行為は、組合員による組合事業の利用形態とは異なります。したがって、員外利用には該当しません。

　次に、(b)について検討します。
　(1)の点についてですが、②. ③.の要件については(a)と同様問題ありませんが、①.との関係が問題となります。すなわち、(b)の行為は、積極的な開業準備を行った上で、多数の利用者を相手方として反復継続して行うものですので、組合員を対象とする事業として行わない限り、「組合員の生活の文化的経済的改善向上」（生協法第2条第1項第2号）という生協の目的を逸脱するおそれがあります。
　(2)の点については、当該賃貸行為が組合員を対象とする生協の事業として行われるとすれば、当該駐車場を組合員以外の者が賃貸する行為は「員外者が組合員と同様の利用方法で組合事業又は施設を利用する」行為に該当するため、員外利用として問題となります。

[員外利用]

2-5
自生協のPB商品を他の生協に供給する場合に員外利用許可は必要か

> 当生協がメーカーに委託生産しているPB商品について、他生協が利用したいという申し出があった。メーカーとの関係で商流上は当生協を通して供給することになるが、こうした場合に員外利用許可を得ておく必要があるか。

員外利用許可を得ておく必要があります。

　生協法は第12条第3項本文において、組合員以外の者に事業を利用させること（員外利用）を原則として禁止し、同項但し書及び第4項において、員外利用が許容されるケースを定めています。そして、同条第4項第3号において規定された、行政庁の許可を得て組合員以外の者に事業を利用させることのできる場合として、生協法施行規則第11条第1項第1号ハは、「他の組合に物品を供給する場合」を規定しています。本事例がこれに該当するか否かを以下に検討します。

　当該生協のPB商品について、当該生協の許諾のもとに製造元から直接他の生協に販売することは、当該販売に係る売買契約が製造元と当該他の生協との間で完結することになりますので、員外利用規制との関係は生じません。しかし、本事例においては、所有権が一旦当該生協に移転した商品について他の生協に供給することとなるため、「他の組合に物品を供給する場合」に該当しますので、員外利用許可を得て実施することが必要です。なお、この場合に可能となる員外利用分量割合は、組合員利用の100分の20とされています（施行規則第9条第1項第1号）。

[員外利用]

> **知っ得メモ　No.7　法令で員外利用が認められるケース**
>
> 　生協法改正により、員外利用が認められるケースは、法令により具体的に定められることになりました。この法令で員外利用が認められるケースの概要は、以下のとおりです。
>
> | 行政庁の許可 | 員外利用ができるケース | 分量制限 |
> |---|---|---|
> | 必　要 | 山間僻地・離島等での物資提供 | 組合員利用の2割 |
> | | 教育文化・医療・福祉施設への物資提供 | 組合員利用の2割 |
> | | 生協間の物資提供 | 組合員利用の2割 |
> | | 職域生協の来訪者への物資提供・食堂利用 | 組合員利用の2割 |
> | | 地域交流イベントでの物資提供 | 組合員利用の2割 |
> | | 納骨堂の事業 | 組合員利用の総額 |
> | | 山間僻地・離島等での施設利用 | 組合員利用の2割 |
> | 不　要 | 自賠責共済 | （なし） |
> | | 災害時の緊急物資提供 | （なし） |
> | | 特定物品（酒・煙草・水道・ガス）の提供 | （なし） |
> | | 体育施設・教養文化施設の利用 | （なし） |
> | | 国・地方公共団体の委託事業 | （なし） |
> | | 医療事業・福祉事業 | 組合員利用の総額 |
> | | 職域・大学生協の母体組織による利用 | 組合員利用の2割 |

[員外利用]

2-6

教育的活動をしているNPOは教育文化施設等の員外利用適用はあるか

> 教育文化施設等への供給事業が員外利用許可申請の対象となっており、員外利用許可申請にもそのように包括的に定め、許可を受けているが、教育的活動をしているNPOは該当するのか。

　NPOが設置している施設の詳細、運営、教育活動等を確認の上、その施設が教育文化施設といえるものであれば、員外利用を認めることができます。

　生協法では、事業の利用を原則として組合員及びその家族としながらも、組合員以外による利用が可能なケースを定めています。第12条第4項第3号において、「…組合員以外の者にその事業を利用させることが適当と認められる事業として厚生労働省令で定める事業を厚生労働省令で定めるところにより利用させる場合であって行政庁の許可を得た場合」を、その一つとして認めています。これを受け、生協法施行規則第11条第1項第1号イでは、「学校その他教育文化施設又は病院、保育所その他の医療施設若しくは社会福祉施設を設置する者が当該施設の利用者に対し必要な便宜を供与する場合において、当該設置する者に対し当該便宜の供与に必要な物品を供給する場合」をあげています。

　本事例では、上記の施行規則に則した包括的な表現によって、既に行政庁から員外利用許可を得ています。したがって、当該NPOが設置している施設が上記の施行規則の規定に該当するものであれば、設置者であるNPOは員外利用の対象となることができます。そのNPOが設置している施設の詳細、運営、教育活動等を確認の上、その施設が教育文化施設といえるものであれば、員外利用を認めることができます。

[員外利用]

> **知っ得メモ No.8　子会社等による員外利用**
>
> 　行政通知『消費生活協同組合の運営指導上の留意事項について』（平成20年9月3日最終改正）では、「組合が全額出資している会社については、その組合員もしくは会員以外を対象とした事業活動は認められないこと。全額出資ではない会社についても、生協法の趣旨を踏まえ適正な運営に努めること」としています。
>
> 　この考え方によれば、全額出資子会社による組合員（会員）以外を対象にした事業は認められません。しかし、生協法改正により員外利用が認められる事由が法令で具体的に定められたことから、当該事由による員外利用は生協自身が行なう場合と同様、全額出資子会社が行なう場合も認められると考えないと、バランスを欠く扱いとなります。したがって、全額出資子会社による員外利用については、生協自身と同様に扱うことが適切ではと考えます。
>
> 　また、前記の行政通知は、全額出資でない子会社等による員外利用を禁止せず、事業目的や運営上で一定の制約を課す考え方のように理解できます。こうした考え方によれば、全額出資でない子会社等が行う組合員向けの事業について、一部で組合員（会員）以外による利用を生じたとしても、事業目的が定款に定めた生協の目的に沿ったものである限り、例外的に認められるのではないかと考えられます。

[員外利用]

2-7

員外利用分量は年度単位で把握することで良いか

> 員外利用の分量制限は事業年度の合計額により規制されるとのことであるが、年度が終わった時点での判断になると考えて良いか。員外利用の分量に関して、行政庁などに報告する必要があるのか。

員外利用分量は年度単位で把握すればよく、行政庁への報告については、特段の定めはありません。

生協法第12条第4項において、員外利用が分量制限付で認められる事由が定められています。その中では、1事業年度における員外利用分量の総額の組合員利用分量の総額に対する割合について限度を設けることが規定されていますので、年度決算の結果での判断ということになります。したがって、年度の途中で、その時点までの員外利用の割合が法令に定める制限を越えていた場合には、最終的に決算の際に制限の範囲内に収まるようにその後の業務運営に配慮することは必要になりますが、年度の途中の時点で直ちに違法になるわけではありません。

行政庁などへの員外利用分量割合の報告については特段の定めがなく、毎事業年度必ず報告が必要といった形にはなっていません。ただし、平成20年9月3日付『消費生活協同組合に対する検査の実施について』の別添『消費生活協同組合検査項目』の中で、「法令による員外利用が認められる場合、その定められた利用分量が遵守されているか」「員外利用に係る事業の利用分量は把握しているか」の2つのチェックポイントが示されているため、行政庁による検査の際には員外利用分量の状況について報告が求められる可能性が高いと思われます。

[員外利用]

> **知っ得メモ No.9** 職域生協の互助会や労働組合、健保組合等への供給
>
> 　生協法施行規則第10条では、職域生協が事業を利用させることのできる組合員以外の者として、「法第12条第4項第1号の厚生労働省令で定めるものは、組合の職域の母体となる法人（法人でない団体で代表者又は管理人の定めのあるものを含む。）」と規定しています。日本生協連は、この「法人でない団体で代表者又は管理人の定めのあるもの」には互助会や労働組合、健保組合等が含まれると理解しており、これらを定款上の職域と定めた場合には、個別の許可なく員外利用ができると考えています。
>
> 　したがって、互助会や労働組合、健保組合等を定款の「区域」として規定した場合には、個別の許可なく員外利用が可能です。

[広告]

2-8

地域生協化記念セールの宣伝ビラを一般住民に配布してもよいか

> 定款を変更して職域生協から地域生協になったので記念セールを行いたい。一般の住民に対しても宣伝したいが、どのような点に注意する必要があるか。

　組合員向けのニュースであることを明示し、生協への加入を求める形をとることが必要です。

　生協が行う宣伝・広告については、平成11年4月26日付け社会・援護局地域福祉課長通知において、

1　組合が、テレビ、新聞、インターネット等の媒体を利用して不特定多数の者に広告・宣伝を行う場合には、一定の地域又は職域における人と人との結合による相互扶助組織であるという組合の理念やその運営原則並びに組合活動の特色を中心とすること。
2　1の趣旨により、単に商品内容のみの広告・宣伝とならないものとすること。

　とされ、また、店舗等における宣伝・広告については、平成12年3月17日付け社会・援護局長通知において、

(3)　員外利用を誘発するような宣伝・広告等を行わないよう細心の注意を払うとともに、店舗の取扱品目等について広告媒体を利用するときは、利用者が組合員に限定されていることを明示すること。
(4)　組合について地域住民に普及宣伝をする際は、組合理念、運営原則はもちろんのこと、組合で取り扱っている商品の特徴など組合の特色ある活動状況を主として行うこと。

［広　告］

とされています。
　本事例についても、組合員向けのニュースであることを明示するとともに、セールの内容だけではなく生協の理念、活動、商品等を含めて記述し、生協について普及・宣伝して生協への加入を求める形をとることが必要です。

2-9

生協法上の子会社・子会社等の定義は何か

> 生協法上の子会社・子会社等の定義は何か。

　生協法上の子会社は、生協自身が議決権の過半数を有している場合を基本に、生協が子会社と共同して、あるいは子会社を通じて議決権の過半数を有している場合を言います。子会社等については別項の 知っ得メモ No.10 （38頁）を参照ください。

　「子会社」について、従来は、生協自身が議決権の過半数を有している場合のほか、役員の過半数を占めるなど出資や役員派遣を通じて会社の経営を支配しているケースが挙げられていましたが、改正生協法（法第28条第5項）では、生協自身が議決権の過半数を有している場合を基本に、生協が子会社と共同して、あるいは子会社を通じて議決権の過半数を有している場合についても子会社とみなすこととされています。

　他方、「子会社等」については、「子会社その他当該組合と厚生労働省令で定める特殊な関係にある者」（生協法第53条の2第2項）とし、この「特殊な関係にある者」として「子法人等」と「関連法人等」が定められました。それぞれの具体的内容は生協法施行規則第210条において大まかには別項の 知っ得メモ No.10 （38頁）のように規定されています。

　なお、子会社等の状況については、総(代)会に提出する事業報告書において、「子法人等及び関連法人等の状況に関する事項」の記載が必要です。加えて、決算関係書類にも「関連当事者との取引に関する注記」（この関連当事者には子会社及び子会社等が含まれます）を記載する必要があります。

[他の団体との関係／子会社等]

> **知っ得メモ No.10** 子会社等に関する規定の概要
>
> 生協法施行規則第210条において規定されている子会社等（子法人等及び関連法人等）の概要は以下のとおりです。
>
> 1. 子法人等
>   (1) 生協が議決権の過半数を所有
>   (2) 生協が議決権の40％以上50％以下を所有し、かつ下記のいずれかに該当
>   ①．生協及び生協と同じ内容で議決権を行使する者で、議決権の過半数を所有
>   ②．生協の役職員やそのOBで取締役会（理事会）の過半数を占有
>   ③．当該法人の財務・事業の方針決定を支配する重要な契約等の存在
>   ④．当該法人の資金調達額の総額の過半を生協が融資（債務保証等を含む）
>   ⑤．その他生協による当該法人の意思決定機関の支配を推測させる事実の存在
>   (3) 生協及び生協と同じ内容で議決権を行使すると認められる者＆行使することに同意している者で、議決権の過半数を所有し、かつ、上記①．～⑤．のいずれかに該当
>
> 2. 関連法人等
>   (1) 生協が議決権の20％以上を所有
>   (2) 生協が議決権の15％以上20％未満を所有し、かつ下記のいずれかに該当
>   ①．生協の役職員やそのOBが代表取締役・取締役（代表理事・理事）に就任
>   ②．生協からの重要な融資の存在
>   ③．生協からの重要な技術提供
>   ④．生協との間に重要な事業上の取引が存在
>   ⑤．その他生協が財務・事業の方針決定に重要な影響を与え得ることを推測させる事実の存在
>   (3) 生協及び生協と同じ内容で議決権を行使すると認められる者＆行使することに同意している者で、議決権の20％以上を所有し、かつ、上記①．～⑤．のいずれかに該当

[他の団体との関係／子会社等]

2-10

生協法上の「子会社等」に関して「業種の制約」はあるか

> 生協法上の「子会社等」に関して「業種の制約」はあるか。業種に制約があるのであれば、その範囲はどこまでか。

　生協法上の子会社等に関して、合理的な理由に基づき生協の行う事業や業務の一部を行うものであるかぎり、法令上の「業種の制約」はありません。ただし、元受共済事業を行う生協については、例外として子会社、子会社等の範囲について生協法施行規則で具体的な業種を詳細に定めておりますので、留意が必要です。

　生協法第13条の2は、「組合は、組合に関係がある事業を行うために必要であるときは、組合の目的及び他の法律の規定に反しない限り、他の法人又は団体に加入することができる。」と規定しており、生協の行う事業や業務の一部について子会社等で行う合理的な必要性が認められる場合は、法令上は下記の共済事業兼業組合を除いて、その法人の業種にかかわらず子会社等を設立することができると考えられます。

　ただし、平成3年11月7日付厚生省社会局生活課長通知（平成20年9月3日最終改正）では、「組合が出資して設立する子会社等については、組合と切り離して自由な設立や活動を認めることは適当ではない。このような子会社等の基本的性格等に鑑み、子会社等の設立（既設の会社を支配することになる場合を含む。以下同じ。）は、組合の本来業務の円滑な実施のためにやむを得ない場合に限定されるものであり、次の点に留意すること。」としており、これにしたがった設立・運営が求められます。この留意点とは下記の2点です。

(1) 組合が全額出資している会社については、その組合員もしくは会員以外を対象とした事業活動を認められないこと。全額出資でない会社についても、生協法の

［他の団体との関係／子会社等］

　　趣旨を踏まえ適正な運営に努めること。
(2) 組合員による民主的運営を確保するため、子会社等の設立にあたっては、その目的、事業計画が明らかとなるような事業概要を総(代)会に提出のうえ議決を得ること。

　一方、元受共済事業を行う生協（共済事業兼業組合と共済事業専業組合）については、上記の例外として子会社、子会社等の範囲について一定の制約があります（生協法第53条の16、第53条の17、第53条の18）。
　例えば、共済事業兼業生協については、共済事業に従属する業務として厚生労働省令で定めるもの、あるいは共済事業に付随し又は関連する業務として厚生労働省令で定めるもの以外の事業を営むものを子会社としてはならないと法で定めており、厚生労働省令でその具体的な業種を詳細に規定しています（生協法施行規則第222条）。規定された業種は37項目にわたりますので、別途、生協法施行規則をご参照ください。なお、この規制は元受共済事業を行う生協が対象なので、受託共済事業のみを行う場合には対象外となります。

2-11

商品取引にかかわって上場会社の株式を取得することは可能か

> 今度、A会社と取引を行うことになった。同社との取引では、株式を1000株（1単元株）取得することによって、仕入れの条件を良くすることができるため、同社の株式を取得したいが、生協法上の問題はないか。同社は一部上場会社であり、現在の1000株の市場価格は約250万円である。

生協法上の問題はないと解されます。

　生協法第13条の2は、「組合は、組合に関係のある事業を行うため必要であるときは、組合の目的及び他の法律の規定に反しない限り、他の法人又は団体に加入することができる」と規定しています。したがって、生協事業の遂行のために必要であれば、生協法及び他の法律の規定に反しない限り、一般企業の株主になることも可能であると解されます。

　本事例においては、生協の供給事業に必要な物資を円滑かつ有利に取得するための出資であるということですので、「組合に関係のある事業を行うため必要である」場合に該当します。ここで、問題になる生協法の条文は、生協の非営利性について定めた第9条と、投機取引を禁止した第98条です。

　第9条との関係では、昭和27年2月27日付け厚生省社会局生活課長通知において、「…供給事業等に必要な物資を円滑に取得するため、株式会社の株主となるような場合は、当然この場合に入ると考える。従って、そのような会社の株主となることは差し支えないと解する」としています。本事例については、取得株式数が最低限の数であることも考慮すれば、営利法人の経営に参画するとは解さず、物資の円滑取得のために必要な限度の出資と解するのが妥当です。

　他方、第98条との関係では、まず「投機取引」の定義が問題となり

[他の団体との関係／その他]

ます。『消費生活協同組合法逐条解説』(222頁)によれば、投機取引とは「価格の偶然の変動により、利益を目的とする取引」を意味し、「何等組合に損失を及ぼさなかった場合といえども犯罪を構成する」ものです。この趣旨は、あくまでも差益の獲得を目的とした取引を禁止するものであって、本事例のように取引先の安定株主になることを目的とした株式の取得については適用されないと解されます。

　以上のことから、本事例につき生協法上の問題はないと解されます。

2-12

連合会以外の他の団体への加入又は脱退は総(代)会議決事項か

> 生協法では、総(代)会の議決事項として「連合会の加入又は脱退」を定めているが、一方で、模範定款例では、「…多額の出資若しくは加入金又は会費を要しないものについては、前項の規定にかかわらず、総(代)会の議決によりその範囲を定め、理事会の議決事項とすることができる」としている。他の団体の加入又は脱退のすべてを総(代)会の議決事項とすると、生協の円滑な業務執行や、他団体との友好関係上支障をきたすこともあるため、定款の規定にかかわらず、一定範囲の団体の加入又は脱退については、理事会の議決事項とすることも差し支えないと理解して良いか。

　定款の規定の仕方によります。なお、連合会以外の他の団体への加入・脱退については、定款の規定から削除することも可能ではないかと考えています。

　模範定款例第51条第1項第7号では、法定(生協法第40条第1項第9号)の総(代)会議決事項である連合会への加入・脱退に加えて、他の団体への加入・脱退についても、原則として総(代)会の議決事項とし、同条第2項において、総(代)会が範囲を定めて理事会に委任できる旨の規定を設ける形となっています。これによれば、あらかじめ総(代)会でその範囲を定め、以降、その範囲内のものは理事会の議決事項とする運用が可能となります。

　しかし、法改正によって理事会が法律上も位置付けられ、借入金額の管理を含め、総(代)会で決定した事業計画や収支予算に従った業務執行については、理事会が責任をもって判断し、執行することとなりました。また、生協がその事業や運営の必要性から他の団体に加入又は脱退する

[他の団体との関係／その他]

ケースは数多くありますが、基本的に多額の支出を必要とするケースはほとんどなく、そうしたケースであれば事業計画上もその旨が適切に表現されることになると考えられます。

　以上のことから、日本生協連としては、行政庁とよく調整した上で、連合会以外の他の団体への加入・脱退については、定款規定の総(代)会議決事項から削除することも可能ではないかと考えています。

[他の業法との関係]

2-13

マンガのキャラクターの使用は、著作権法上どこまで許されるか

> マンガのキャラクターの使用は、著作権法との関係でどこまで許されるか。

　マンガのキャラクター使用が許されるのは、著作権法上の「私的使用」の範囲に留まります。

　著作物については、著作者の権利と著作隣接権者の権利が認められ、著作権法において保護されています。本事例において問題となるのは、①.マンガのキャラクターは著作権法において保護される「著作物」に該当するか否か、②.キャラクターが著作権法による保護の対象となる場合、キャラクターを商品、資料等に使用することは著作権法上の「複製」に該当するか否か、③.該当する場合、当該キャラクターを著作権者の許諾を得ずに使用できるのはどの範囲か、という点です。

　第1に、マンガのキャラクターが「著作物」であるか否かという点について検討します。
　マンガ自体が美術の著作物として保護されることについては争いがありません。キャラクターが独立した著作物であるか否かについては、（イ）個々のキャラクターそれ自体が独立の著作物として保護されるという考え方、（ロ）キャラクターはマンガとは別個の創作性を示しているとは言えないため独立の著作物とはいえないが、原著作物であるマンガの保護を介してキャラクターが保護されるという考え方、という2つの考え方がありますが、通説、判例は（ロ）の考え方を採用しています。これに従えば、マンガのキャラクターは独立した著作物ではありませんが、著作権法による保護の対象となります。

[他の業法との関係]

　第2に、マンガのキャラクターを商品、資料等に使用することが、著作権法上の「複製」に該当するか否かという点について検討します。
　同法第2条第1項第15号では、複製について「印刷、写真、複写、録音、録画その他の方法により有形的に再製すること」と定義しています。また、複製は、著作物の全部の再製のみを意味するのではなく、著作物の本質的な部分を再製していれば部分再製であっても複製とされます。例えば、キャラクターの頭部のみを再製したとしても著作物の本質的な部分すなわち個性が表現されていれば、それは原著作物の複製とされることになります。以上のことから、キャラクターを複写、模写等により、商品、資料等に使用した場合には、著作権法上の「複製」に該当するものと解されます。

　第3に、著作権者の許諾を得ずに使用できるのはどの範囲かという点について検討します。
　同法第30条は、「個人的に又は家庭内その他これに準ずる限られた範囲内において使用することを目的とする場合には、公衆の使用に供することを目的として設置されている自動複製機器を用いて複製するときを除き、その使用する者が複製することができる」と定め、いわゆる私的使用のための複製を認めています。ここで、私的使用のための複製と認められるための要件は、(a) 個人、家庭内に準ずる限られた範囲内での使用であること、(b) 使用者自身が複製すること、の2点です。また、会社内の内部会議等に使用する場合や、10人を超えるサークル、クラブ等で使用する場合については、(a) に該当しないとされています。そして、私的使用の範囲を越えて使用された場合には、その時点で違法な複製行為があったものとされ、刑事罰および民事上の損害賠償請求の対象となります。

　以上のことから、生協の活動等でマンガのキャラクターが使用できるのは、著作権法上の私的使用に該当する場合に限定されます。これに該当する場合としては、小サークル（多くても10名程度）の機関誌等に

[他の業法との関係]

使用する場合などが想定されますが、例えば生協の機関誌への使用、集会等のプラカードへの使用などは対象外となります。

> **知っ得メモ No.11** 国や地方公共団体のホームページに掲載された資料を転載する場合の留意点
>
> 　複製権は基本的な著作権の1つであり、著作物は原則として著作権者の許諾なしに複製することができません。
>
> 　この原則には、私的利用のための複製など、いくつかの例外がありますが、その中に、国、地方公共団体の著作権に係る制限があります。
>
> 　著作権法第32条第2項は、「国又は地方公共団体の機関が一般に周知させることを目的として作成し、その著作の名義の下に公表する広報資料、調査統計資料、報告書その他これらに類する著作物は、説明の材料として新聞紙、雑誌その他の刊行物に転載することができる。ただし、これを禁止する旨の表示がある場合は、この限りでない。」と定めています。ホームページへの掲載は、まさしく「一般に周知させる」ことを目的として行われていると考えられますので、転載を禁止する旨の特段の表示がない限り、同条の規定により転載することが可能です。
>
> 　ただし、転載する場合には、出所を明示することが適切かと考えます。

[他の業法との関係]

2-14

抽選会として景品付きの供給を行う場合の限度額はどのくらいか

> 記念の行事として抽選会をしたい。5000円の買上げ毎に1回抽選ができるものとし、景品は総額500万円で、1等1万円相当、2等5000円相当、3等1000円相当、4等100円相当とする。景品表示法との関係で問題はないか。

　不当景品類及び不当表示防止法(以下、景品表示法という)第3条に基づき、公正取引委員会告示が定めた総額規制の範囲内で行う限り、問題はありません。

　生協が、組合員の要望に基づき、又は近隣の商店等と共同して抽選等により景品を提供することについては、組合員間の平等に配慮して行う限り生協法上の問題はありません。ただし、生協が景品を提供する場合には景品表示法の適用を受けるため、その規制の範囲内で行うことが必要です。

　景品表示法第3条は、公正取引委員会に対し、不当な顧客の誘引の防止を目的とする景品の最高額や総額等の制限、景品の提供の禁止を行う権限を付与しています。公正取引委員会は、告示により、懸賞によって景品類の提供を行う場合の景品類の最高額及び景品類の総額について限度を設定しています。その限度は、事業者が単独で行う場合と他の商店等と共同で行う場合とで異なり、右表の通りですが、小売業者による共同懸賞として認められているのは、以下の3つの場合に限定されています。

・　一定の地域(注:原則として市町村)における小売業者又はサービス業者の相当多数が共同して行う場合。

[他の業法との関係]

- 1の商店街に属する小売業者又はサービス業者の相当多数（注：過半数）が共同して行う場合。ただし、中元、年末等の時期において、年3回を限度とし、かつ、年間通算して70日の期間内で行う場合に限る。
- 一定の地域において一定の種類の事業を行う事業者の相当多数（注：過半数）が共同して行う場合［ex.○○市書店まつり］。

本事例の場合は、懸賞に係る取引の価額は5000円としていますので、下表のように、①.生協単独で本件の懸賞を行う場合には、景品類の最高額は10万円、総額の限度は懸賞に係る取引予定総額の100分の2であり、②.他の商店等と共同で行う場合には、景品類の最高額は30万円、総額の限度は懸賞に係る取引予定総額の100分の3となります。したがって、いずれの場合も最高額の規制はクリアしていますので、この総額規制の限度内で行う限り問題はありません。

区　分	懸賞に係る取引の価額	最高額の限度	総額の限度
単独懸賞	5000円未満	取引価額の20倍	売上予定総額の2％
単独懸賞	5000円以上	10万円	売上予定総額の2％
共同懸賞	－	30万円	売上予定総額の3％

（懸賞による景品類の提供に関する事項の制限・昭和52年3月1日公正取引委員会告示第3号：平成8年2月16日公正取引委員会告示第1号により改正）

[他の業法との関係]

> **知っ得メモ No.12　組合員加入キャンペーンでの商品券や図書券の進呈**
>
> 　景品表示法上の「景品」は、(a) 顧客誘引の手段として、(b) 取引に付随して行われる、(c) 経済上の利益の提供とされています。ただし、代金の減額やポイントの付与などの値引き、サンプル（見本）の提供については、正常な商慣習の範囲内において行われる限り、同法上の「景品」には該当しません。新規加入者への特典として、生協での買い物券やポイントを提供したり、見本として商品を提供する場合には、正常な商慣習を逸脱しない程度により行う限り、景品表示法上の「景品」に該当しないと考えられます。
>
> 　それ以外の場合は、「もれなく」または「先着順」に行う景品の提供（総付景品）に関する規制が適用されます。総付景品の最高額は、取引価額の20％（取引価額が1000円未満の場合や商品・取引を特定しない場合は200円）とされています。新規加入者全員に提供する場合は、特定の取引が前提とされていないため景品の最高額は200円以下となります。一般の商店でも使える商品券、図書券などを提供する場合は、景品に該当するため、この規制にしたがい200円以下で行わなければなりません。

[事業その他]

2-15

生協の資金運用についてどのように考えるべきか

> 共済事業を行っていない生協の資金運用についてどのように考えるべきか。

　生協法第98条に該当しないことを前提に、定款の定める目的の範囲内の行為としてのみ行うことができるものと解されます。

　生協法第98条は「組合の役員がいかなる名義を持ってするを問わず、投機取引のために組合の財産を処分したときは、3年以下の懲役又は100万円以下の罰金（共済事業を行う組合の役員にあっては、3年以下の懲役又は300万円以下の罰金）に処する」と規定し、投機取引のために生協の財産を処分することを禁止しています。

　また、生協法施行規則第197条は、「組合は、資産を運用するに当たっては、事業の目的及び資金の性質に応じ、安全かつ効率的に運用しなければならない」と規定しています。この他、同規則第201条、第202条においては、共済事業に属する資産の運用方法について制限的に基準が定められています（201条＝長期共済事業、202条＝短期共済事業）。

　生協の資金運用に関する法令の枠組みは以上ですが、これらの規定については、法第98条の投機取引禁止と規則第197条の運用原則が全ての生協の資金運用に共通した規定であり、規則第201条、第202条は共済事業に属する資産のみに適用される規定であって、共済事業以外の事業に属する資産については直接の適用がないと考えられます。そこで、共済事業以外の事業に属する資産の運用の範囲について、どのように考えるべきかが問題となります。

　まず、法第98条に定める投機取引の禁止規定が適用されることは明らかです。ここでいう投機取引とは何かについては、「投機取引とは、

[事業その他]

価格の偶然の変動により、利益を得ることを目的とする取引であって、例えば組合の資金を利用して相場の変動によって生ずる差額を利得することを目的とする売買を行うこと」とされています(『消費生活協同組合法逐条解説』P222)。したがって、転売により利益を得ることを目的に行われる不動産投資などがこれにあたると考えられます。

次に、民法第34条により、法人の権利能力の範囲は「定款その他の基本約款でさだめられた目的の範囲内」に限定されており、資金運用についてもこの規定の適用を受けるものと考えられます。この規定は、営利法人においては比較的ゆるやかに、非営利法人においては比較的厳格に解するのが判例の傾向です。非営利法人における、一定の行為が定款の定める目的の範囲内に属するか否かの判断基準について、判例は必ずしも一致しているわけではありませんが、概ね、①. 生協の目的に沿ったものであること、②. 生協の事業遂行上の客観的必要性があること、③. 生協の事業基盤を危うくするなど組合員の利益を害しないこと、という3つの要件を満たしている場合には、目的の範囲内に属するとされています。生協の資金運用についても、この基準により判断されることになると考えられます。

以上の考え方において、規則第201条、第202条に定める共済事業に属する資産の運用規制がどう関係するかですが、共済事業が必然的に資金運用を必要とする事業であるのに比して、それ以外の事業における資金運用はあくまでも余裕金の運用に留まります。

したがって、事業遂行上の必要性との関係で、規則第201条、第202条に定める運用規制を超える資金運用が共済事業以外の事業に属する資産の運用において認められることにはならず、むしろ、規則第197条に定める運用原則との関係で、より厳格に範囲が限定されるものと考えられます。

例えば、株式の取得は短期共済事業における資産運用方法の1つと定められていますが(規則第202条第8号)、株式投資は前記の投機取引の概念に近い取引ではありますので、これが共済事業以外の事業に属する

[事業その他]

資産運用として許容されると考えることはできません。現実的には、元本保証があり、回収の確実性が高いものに限定して運用することが適切と思われます。

> **知っ得メモ No.13　元受共済事業実施生協の資産運用方法**
>
> 　元受共済事業の経理に属する資産の運用方法については、生協法施行規則第201条ならびに第202条に制限列挙されており、これ以外の方法により運用を行うことはできません。
>
> 　ただし、同規則所定の運用方法全てを行う必要はなく、その中から生協の実情に照らして適当な方法を選択し、その方法を定款に記載して運用を行うこととなります。また、模範定款例では資産運用の基準について規定を設けており、元受共済事業を行う生協においては定款にこれに相当する規定を設ける必要があります。しかし、模範定款例の（注）では「組合の共済事業に属する資産の運用については、現に行い及び行おうとしている方法のみを規定するものである。」と記載しているように、法施行規則所定の運用方法全てを列挙する必要はありません。

第 3 章

組合員

[組合員資格]
3-1　一定期間だけ県内に居住する方に組合員資格はあるか
3-2　退職者組合員となる場合には何らかの手続きが必要か
[自由脱退]
3-3　自由脱退の場合に組合員たる地位は出資金の払戻しまで残るのか
[法定脱退]
3-4　連合会の会員が解散した場合、連合会からの法定脱退日はいつか
3-5　除名する組合員の氏名を総代会当日に提案することはできるか
[組合員名簿]
3-6　出資金の払込の履歴を組合員名簿に記載しておく必要はあるか
[所在不明組合員]
3-7　所在不明組合員の脱退処理等をどのように行えば良いか
[出資払込み]
3-8　加入時出資金を口座引落しでもよいか、そのための定款変更は可能か
[出資払戻し]
3-9　累積赤字が存在する場合、出資金の払戻しについてどう考えるべきか
[増資]
3-10　積立増資を1口未満単位で行う場合、定款の変更が必要か
[出資口数の減少（減資）]
3-11　出資口数の減少を年2回、半期ごとに認めているが法との関係はどうか
[出資1口金額の増減]
3-12　出資1口の金額を増額する場合にどのような手続が必要か
3-13　出資1口金額を5000円から1000円に引き下げることはできるか
[出資その他]
3-14　定款において複数口の出資を義務付けることはできるか
[組合員借入金]
3-15　組合員借入金の受取証はいつまで保存すべきか
[代金債権等の管理]
3-16　利用分量割戻金と供給未収金を相殺することはできるか
3-17　生協の組合員に対する供給未収債権の時効は何年か
[組合員その他]
3-18　組合員訴権の各訴訟について提訴期限はどうなっているのか

[組合員資格]

3-1

一定期間だけ県内に居住する方に組合員資格はあるか

> 県内にセカンドハウス等をもち、1年の一定期間だけ県内に住むが、あとは県外に住んでいるという場合、組合員資格があると考えて良いか。県内に住んでいるが、住民票登録は県外であるという場合はどうか。

いずれの場合も組合員資格があります。

生協法第14条第1項第1号では、「地域による組合にあっては、一定の地域内に住所を有する者」が定款で定めるところによって組合員たる資格を有するとされています。ここで言う「住所」とは何かについて、模範定款例第6条の「解説」では以下のように述べています。

「住所」とは、各人の生活の本拠、すなわち生活の事実上の中心点となっている場所をいう（民法第22条）。その場所がその人の生活の中心点であるかは、客観的にその人の生活の実体に着目して決定されるべきであって、定住の意思に存することは必ずしも住所であるための必要条件ではない。住所は通常1人につき1個であるが、その人の生活関係のどの面を重く見るかにより、各種の生活関係についてそれぞれの生活の中心点、すなわち数個の住所を認めることも考えられる。

以上のように、ここで言う「住所」については、生活の事実上の中心点を指しますので、住民票の登録など自治体等への届出の有無によって左右されるものではありません。また、複数箇所の住所を認め得ることからして、例えば単身赴任で週末のみ帰宅するといった生活を営んでいる者の場合には、赴任先と帰宅時の住所との2箇所を「住所」として認めることも可能です。

以上のことから、本事例については、1年のうち一定期間のみ区域内

[組合員資格]

に居住する者、住民票の登録はないが居住の事実がある者のいずれの場合も、当該生協の組合員資格を有します。

> **知っ得メモ No.14　外国人、未成年者の組合員資格**
>
> 　組合員たる資格について生協法第14条は、地域生協においては当該区域内の居住または勤務、職域生協においては当該職域への勤務または当該職域の付近の居住、退職者等を定めるのみであり、その他に組合員たる資格について制限を加える規定は生協法上存在しません。これは、生協は生活に係る協同組織であるため、法律上は加入資格を限定しない趣旨と解されます。
>
> 　外国人についてですが、生協法第14条には外国人の加入を禁止または制限する旨の規定は存在しません。また、生協法第1条は生協を「国民の自発的な生活協同組織」と定めていますが、ここで「国民」と表現されていることも、特に外国人を排除する趣旨ではないと解されています。他の法令においても、生協への外国人の加入について禁止、制限した規定は存在しないと考えられますので、外国人が生協に加入することについての法的な問題はありません。
>
> 　同様に、未成年者についても希望があれば生協に加入することはできるものと解されます。生協法施行規則第52条では、大学生協における組合員資格を規定していますが、ここでも未成年者を排している訳ではありません。ただし、民法の規定（第5条第1項）により、加入にあたっては原則として法定代理人の同意が必要です。

[組合員資格]

3-2

退職者組合員となる場合には何らかの手続きが必要か

> 職域組合員が退職し、退職者組合員となる場合には何らかの手続が必要なのか、出資金の返還は必要なのか。

　退職者は、生協の承認を得て組合員となることができます。また、本人からの希望を踏まえて、出資金の取扱いを含め、組合員資格については特段の手続をせずに継続することも可能です。

　生協法改正によって、職域生協の場合には、退職者も組合員資格が認められることとなり、退職後も引続き組合員として留まることができるようになりました。

　模範定款例第6条第2項の職域生協の組合員資格に関する規定は、「この組合の区域の付近に住所を有する者又は当該区域内に勤務していた者でこの組合の事業（施設）を利用することを適当とするものは、この組合の承認を受けて、この組合の組合員となることができる」としています。この規定によって、退職者は、生協の承認手続を経た上で引続き組合員となることができます。したがって、生協が組合員となることを承認した場合には、本人からの希望を踏まえて出資金の取扱いを含め、特段の手続をせずに組合員資格を継続することも可能です。

　なお、職域生協の場合には、生協の事業を利用したときの決済が、給与天引きなど当該職域の母体企業等の会計を経由して行われることが多いようですので、退職後の組合員の場合には決済のための口座の設定を改めて行うなど、実務的には多少の手続きが必要となるのではと思います。

[組合員資格]

> **知っ得メモ No.15** 派遣職員、外部委託業務、長期作業で同一施設の構内に勤務する人の生協加入
>
> 　生協法第14条第1項では、職域生協の組合員の資格として、「職域による組合にあっては、一定の職域内に勤務する者」を定めています。また、第3項では、定款に定め、生協の施設を利用することを適当とする場合は、付近に住所を有する者、退職者等も組合員とすることができるとしています。
>
> 　派遣職員は、その職域に勤務し、指揮命令下にあるので第1項に相当し、組合員になる資格があります。他方、業務委託、長期の作業等でその施設構内において勤務している人は、その職域に勤務しているわけではないので第1項組合員とするのは困難ですが、「付近に住所を有する者」として、第3項に相当する組合員にすることができます。

[自由脱退]

3-3

自由脱退の場合に組合員たる地位は出資金の払戻しまで残るのか

> 自由脱退の場合、出資金の払戻しは期末になるが、組合員たる地位は出資金の払戻しが行われるまで残るのか。

残ります。

生協法第19条第1項では、「組合員は、90日前までに予告し、事業年度末において脱退することができる」と規定しています。これは、組合員の自由意思に基づく脱退の申込みは、脱退の予告という性質にとどまり、脱退が成立するのは事業年度末であることを意味していますので、事業年度末までは当該組合員の組合員たる地位は継続します。したがって、商品・サービスの利用等の組合員の権利は保障されなければなりません。

知っ得メモ No.16　期中における即時脱退

生協法は、「組合員が任意に加入し、又は脱退することができること」（同法第2条第1項第3号）を生協の要件の1つとして挙げており、本来的には、組合員は自らの意思に基づき、いつでも自由に生協を脱退することができます。しかし、生協は一つの事業体ですから、組合員の脱退は生協の資本・資産の減少につながり、場合によっては、事業計画の円滑な遂行を阻害したり、債権者の利害に影響を与えたりする可能性があります。同法第19条第1項の「組合員は、90日前までに予告し、事業年度末において脱退することができる」との規定は、このような理由から設けられたものであり、自由脱退を事業年度末以外には認めない趣旨の規定と解されます。

したがって、自由脱退について期中での即時脱退を認めることは、基本的には避ける必要があります。

[法定脱退]

3-4

連合会の会員が解散した場合、連合会からの法定脱退日はいつか

> 当連合会の会員であるA生協が、昨年の11月5日に解散総会を行った。連合会において、会員の解散は法定脱退事由と聞いているが、当該生協の場合、法定脱退の日はいつになるのか。

　行政庁の認可日ないし解散議決で解散日とした日のうち、いずれか遅い方の日が解散日になると解され、その日が法定脱退の日となります。

　生協法第20条は、「組合員は、次の事由によって脱退する。」と定め、①.組合員たる資格の喪失、②.死亡又は解散、③.除名、を法定脱退事由として掲げています。こうした文言からして、法定脱退においては、脱退事由の発生をもって脱退の効力が発生するものと解されます。つまり、連合会の会員の解散による法定脱退については、解散の効力発生をもって法定脱退事由が発生し、そのことで法定脱退の効力も発生するということになります。

　同法第62条第1項により、生協の解散事由は、i.総会の議決、ii.定款に定めた存立時期の満了又は解散事由の発生、iii.目的たる事業の成功の不能、iv.組合の合併、v.組合についての破産手続開始の決定、vi.行政庁による解散命令、の6項目ですが、同条第2項により、iとiiiとivについては、行政庁の認可がなければ解散の効力が発生しないとされています。したがって、解散の効力発生時期は、i、iii、ivの事由による脱退については行政庁の認可があったとき、その他の事由による解散については当該事由が発生したとき、ということになります。もっとも、i、iii、ivによる解散の場合、解散の日を定めることもできますので、その場合には、行政庁の認可日ないし解散議決で解散日とした日のうちいずれか遅い方の日が解散日になると解されます。

[法定脱退]

　したがって、本事例は i のケースですが、解散議決で解散日を定めていなければ行政庁の認可があった日、定めていれば行政庁の認可日と定められた解散日のいずれか遅い方の日が、それぞれ解散日になると解され、その日が法定脱退の日となります。

> **知っ得メモ　No.17　法定脱退に係る事務処理の時期**
>
> 　組合員名簿からの削除、出資金の払戻し等の脱退事務処理は、脱退成立の時点で行う必要があります。
>
> 　生協法第20条第1項の規定による法定脱退は、自由脱退と異なって予告期間はなく、それぞれの法定脱退事由が発生した時点で当然に脱退が成立し、組合員たる地位が失われます。
>
> 　また、同法第21条は「脱退した組合員は、定款の定めるところにより、…払戻を請求することができる」と規定していますので、払込済出資金の払戻しについては定款の規定に従うことになります。模範定款例第13条は、脱退組合員の出資金の払戻しについて「脱退した組合員は、…請求することができる」と規定していますので、定款においてこれと同様の規定を設けている場合、払戻請求権は脱退と同時に発生すると解されます。

[法定脱退]

3-5

除名する組合員の氏名を総代会当日に提案することはできるか

> 宅配事業の代金について銀行口座からの引き落としができず、請求しても支払わない組合員について、今年の総代会で除名する予定である。その場合、除名する組合員の氏名について、総代会当日に提案するという扱いはできるか。

　実務上は、除名対象となる組合員の氏名を記載した議案書を招集通知とあわせて事前に送付し、書面議決書も含めて議決を行うのが適切です。

　組合員の除名は、生協法第42条第3号により、総代会の特別議決事項であり、同法第20条第2項に定める手続を経た後、総代会の特別議決を得る必要があります。

　他方、総代会に付議する事項については、同法第37条の総会招集の手続において、「総会の目的である事項」を示すことが義務付けられています。ここで言う「総会の目的である事項」は議題を指すと解するのが通説ですが、本事例においては、組合員の除名を総代会に付議する際に、「総会の目的である事項」として「組合員の除名の件」として記載した場合、総代会当日に除名対象の組合員氏名を提案することができるかが問題となっています。

　総代会に付議する議案（＝提案内容）を事前送付することについての生協法令上の規定はありません。しかし、他の協同組合法や会社法では、書面による議決権の行使を認めている場合に、議案やその他の参考事項を記載した「総（代）会参考書類」を招集通知に添付して送付することが義務付けられています。こうしたルールは、書面による議決権の行使をするものが賛否の判断をするのに通常必要な情報の提供を義務付ける趣旨と考えられますので、生協においても、法令上直接の規定はありませんが、他の協同組合と同様の扱いをすることが適切だと考えます。

[法定脱退]

　その上で、除名議案に関する取扱いですが、この議案の中に除名対象者の氏名を示す必要があるかどうかが問題になります。
　組合員の除名については、生協法は第20条および第42条で、(a) 法または定款に定める除名事由への該当性、(b) 当該組合員に対する事前の通知と弁明の機会の供与、(c) 総(代)会の特別議決、(d) 除名議決の当該組合員への通知、という一連の手続を定めています。組合員の除名について、こうした厳格な手続が設けられている目的は、多数者の専制を防止し、生協の民主的運営を確保するとともに、除名対象となっている個別組合員の権利を擁護することにあります。したがって、総(代)会において除名の議決を行う際には、どの組合員を除名するかを具体的に示すことが必要と解され、除名を予定している組合員について氏名を示して具体的に提案しなければなりません。
　氏名を示さないものを議案書として事前送付し、総代会当日に氏名を提案した場合は、実出席者、代理人で総代の半数以上の出席があり、その3分の2以上の多数の賛成がなければこの議案を可決することができません（模範定款例第56条）。また、事前送付した議案は瑕疵のある議案であるため、書面議決書の提出を受け、そこに賛否が記載されていても、議案書が届かないのに書面議決書を提出したのと同じ扱いになりますので、意思表示の内容にかかわらず「欠席」扱いとせざるを得ません。
　以上のことから、実務上は、除名対象となる組合員の氏名を記載した議案書を招集通知とあわせて事前に送付し、書面議決書も含めて議決を行うのが適切です。

[組合員名簿]

3-6

出資金の払込の履歴を組合員名簿に記載しておく必要はあるか

> 組合員名簿上、出資金の払込履歴を個人別にいつでもわかるようにしておくのはどの範囲か。組合員別の払い込んだ金額と払込みの年月日については、組合員には通知しているが生協に写しはない。

　出資口数、出資金額、払込みの年月日は、個人別にいつでもわかるようにしておくことが必要です。

　組合員名簿の記載事項については生協法第25条の2第1項に定めがあり、以下の項目が挙げられています。

(1) 氏名又は名称及び住所
(2) 加入の年月日
(3) 出資口数及び金額並びにその払込みの年月日

　これらの事項は組合員名簿の絶対的記載事項であり、形式は問いませんがすべての事項につき、生協側で記録し（同項第1号）、主たる事務所に備え置いて（同項第2号）、正当な理由に基づく請求があった場合には、組合員及び債権者の閲覧・謄写に供さなければなりません（同項第3号）。したがって、出資口数、出資金額、払込みの年月日は、個人別にいつでもわかるようにしておくことが必要です。ただし、各組合員の出資履歴については、情報量が膨大になるため別表扱いとして備え置くことも差し支えありません。また、これについての閲覧・謄写の請求があった場合には、情報開示に関する規則等にしたがって開示請求の目的に照らして必要な場合にのみ開示するのが適切です。

[組合員名簿]

> **知っ得メモ No.18** 脱退組合員に関する情報の消去時期
>
> 　生協が保有する組合員情報は、脱退処理が終了した時点で、組合員名簿からは消去され、開示の対象にはならなくなります。脱退時点以降は、税務関連データは7年間消去することはできませんが、その他の情報は、各生協の判断によることになり、完全に消去することも法的には可能です。
>
> 　近年、脱退時に個人に関わる全ての情報を消去するよう要望をされるケースは増えているようですが、以下の点についての配慮から、合理的な理由による情報の保存が必要であることについて脱退される組合員の理解をいただき、当面情報を確保しておく方が適切です。
>
> 　まず、旧組合員と生協の間の権利義務関係（未収金、出資金払戻しや組合員借入金）が未整理で残っていた場合の問題があり得ます。出資金払戻請求権等の時効は2年間です。また、完全に情報を消去してしまうと、購入商品特に耐久消費財に関し、後から製品の不具合や表示上の問題等の事故が分った場合にお知らせをすることができなくなります。

[所在不明組合員]

3-7

所在不明組合員の脱退処理等をどのように行えば良いか

> 所在不明組合員の脱退処理、供給未収金の処理、出資金の処理についてどのように行えば良いか。

　脱退処理は、定款の規定による「みなし自由脱退」方式か、生協法に基づく除名により行います。出資金は預り金とし、脱退後2年を経過した後に雑収入等で処理します。供給未収金は出資払戻請求権と相殺して差し支えありません。

　所在不明組合員の脱退処理については、(a) 定款の規定による「みなし自由脱退」方式、(b) 生協法第20条に定める除名のいずれかの方法によることとなります。
　(a) の「みなし自由脱退」方式は、定款に定める住所変更届の提出を一定期間（2年程度）行わなかった場合に自由脱退の予告があったものとみなし、公告等による注意喚起措置と理事会の確認を経て、当該事業年度の終りにおいて自由脱退したものと扱う方式であり、模範定款例第10条の「解説」により認められています。この方式をとる場合には、定款に規定を設けるほか、一連の手続に関して規約等を設けた上で運用する必要があります。
　(b) の除名は、基本的に生協法第20条第2項に定める手続きによって行わなければなりませんが、住所不明のものが極めて多いと明らかに推定され、かつ、除名事由に該当する人員も相当の数にのぼる場合には、以下のような手続きによって行うことが昭和62年6月30日付け厚生省社会局生活課長通知（平成20年9月3日最終改正）で認められています。

①．(ア) 除名すべきものの名簿を作成し、組合事務所に備え付け、閲覧に供し又は組合掲示板に掲示する旨、(イ) 除名を決議する総(代)会の日時、場所、(ウ) 法及

び定款の規定に基づき弁明を行おうとするものは、その総(代)会において弁明すべき旨、(I)除名により脱退する組合員は、その払込済出資金の全部又は一部を脱退の日から2年以内に請求すれば返還する旨を定款に定める公告の方法によって公告する。

②．除名すべき者の名簿を少なくとも総(代)会の会日5日前までに組合事務所に備え付け、又は掲示板に掲示する。

③．総(代)会において除名の議決を行う。

　出資金の払戻しは脱退組合員の申出に基づいて行いますが、出資金払戻請求権は生協法第23条により2年で時効により消滅しますので、脱退の日（「みなし自由脱退」の場合には事業年度の末日、除名の場合には除名を議決した総(代)会の日）から2年間請求がなかった場合には雑収入等の処理を行って差し支えありません。

　供給未収金がある場合には、弁済期が到来しているのが通例ですから、民法第505条により出資払戻請求権と相殺して差し支えありません。それでも未収金が残った場合には、生協の組合員に対する供給未収債権の消滅時効は、民法173条第1号の準用により2年ですが、権利の消滅以前に貸倒として雑損失の処理をするのもやむを得ません。ただし、法人税基本通達によれば、貸倒の処理が行えるのは債務者との取引を停止してから1年以上経過し、その間に全く弁済がない場合です。この場合、除名の処理を行った時点で取引が停止されたと解されますので、それ以降少なくとも1年間は未収金としておくことが必要です。

[所在不明組合員]

> **知っ得メモ　No.19　所在不明組合員の出資金等の管理**
>
> 　転居等により所在不明となっているいわゆる所在不明組合員については、行政通知により通常の組合員とは別に管理することが認められています。
>
> 　所在不明組合員とは、本人から脱退の申し出がないため自由脱退にもあたらず、死亡や区域外への転居の事実も明らかでないため法定脱退にもあたらないことから、形式的には組合員たる地位にあるものの、組合員たる実体を失っている者です。行政通知によって通常の組合員とは別に管理することが認められているのは、こうした理由に基づくものと思われます。
>
> 　しかし、未だ組合員たる地位を失っていない以上、何らの手続きなく組合員としての権利を侵害することは認められませんので、所在不明組合員の有する出資金についても出資金として扱い、出資配当についても他の組合員と同様の扱いをすることが必要です。

[出資払込み]

3-8

加入時出資金を口座引落しでもよいか、そのための定款変更は可能か

> 加入時の出資金を、第1回目商品代金の口座引き落とし時に別口で口座引き落としすることは可能か。これができるようになれば、現場担当の実務負荷を軽減し現金取扱トラブルを減少させることができる。現行定款では「加入申込書に引き受けようとする出資口数に相当する出資金額を添え」とあるので、これを変更する必要があるが、こうした定款変更は可能か。

　本事例には原則として定款変更が必要です。なお、定款変更自体については、法理上は不可能とは言い切れませんが、事前に行政庁に充分に説明し、了解をいただく必要があります。

　生協への加入手続きや加入時期については、法は何らの定めを設けていないため、もっぱら定款及び規約の定めるところによります。
　加入手続きについて、模範定款例は、加入申し込みの時点で出資金の払い込みを求めており（第7条第1項）、各生協の定款もこれと同様に規定するのが通例です。本事例では、加入申込書を提出した段階で、出資の払い込みがなくとも組合員資格をもつことができるかが問題となっていますが、現行の定款規定からは、そうした扱いは難しいと思われます。
　しかし、法理上、「出資の引き受け」と「出資の払い込み」とは分けて考え得るため、「加入の申し込み」と「出資の引き受け」を同時に行い、そのことにより生じた出資義務の履行である「出資の払い込み」を後日行うという整理も不可能とは言い切れないと思われます。その場合、「加入の申し込み」から「出資の払い込み」までの間は、「出資額の未払い込み」に該当すると考えられます。こうした対応を行うには、定款の変更が必要です。規定方法としては、模範定款例の条文を活かした上で、

[出資払込み]

ただし書きとして、一定の期日をもって出資することを明らかにし、その出資方法についても定めた場合は組合員となることを妨げない旨を規定する等が考えられます。しかし、定款の認可は行政庁が行いますので、定款変更を行う場合は、事前に行政庁に充分に説明し、了解をいただくことが必要です。

[出資払戻し]

3-9

累積赤字が存在する場合、出資金の払戻しについてどう考えるべきか

> 生協法第16条第5項により、組合員は出資金額を限度として有限責任を負うこととされているが、累積欠損が存在する場合、脱退や減資による出資金の払戻しについてどう考えるべきか。

累積欠損の程度に応じて払戻し額を減少させることが法の建前です。

生協法第16条第5項は、「組合員の責任は、その出資金額を限度とする」と定めています。

これは、生協の事業が失敗して債務超過に陥った場合でも、組合員は出資金額までしか責任を負わず、それを超える金額を追加徴収されることはない、という有限責任の原則を定めた規定です。言い換えれば、生協の事業が失敗して累積欠損を抱えたり、債務超過に陥った場合、組合員は出資金額を限度として責任を負うということでもあります。

こうした組合員の負うべき責任は、同法第22条の規定からも明らかです。

当該規定は、「事業年度末において、組合の財産をもってその債務を完済するに足りないときは、その組合は、定款の定めるところにより、その年度内に脱退した組合員に対して、未払込出資額の全部又は一部の払込を請求することができる」と定めています。ここで、年度内に脱退した組合員に対する払込義務を未払込出資額に限定して規定している趣旨は、払込済出資額は返還しないということを前提に、払込済出資額をもってしても債務を完済できない場合に、未払込出資額を限度として払込義務を負わせることにより、出資金額を限度とする有限責任の原則を貫徹できるようにすることにあると解されます。

このように、実践上はともかく、法的には出資金が債権者に対する支

[出資払戻し]

払いの担保とされている以上、累積欠損が存在する場合に脱退した組合員に対して払込済出資額の全額を払い戻すことは、法の予定していないものであり、債権者に対する詐害行為になり得る行為です。つまり、累積欠損が存在するにもかかわらず、脱退した組合員に対して払込済出資額の全額の払戻しを認めるとすれば、出資金額を限度として組合員の有限責任を定めた法第16条第5項の規定は空文化し、債権者に対する担保として出資金を想定した法の趣旨にも反し、生協の財産を流出させることにより債権者に対する支払いの原資も減少させることになるからです。

　以上のことから、累積欠損が存在する場合の脱退や出資口数の減少に際しては、欠損の程度に応じて払戻し額を減少させることが法の建前であると解されます。もっとも、払込済出資額の全額を払い戻したとしても、最終的に債務超過や支払不能に陥って債権者に損害を与えない限り、法的な問題は生じませんが、債権者に損害を与えた場合には、役員は損害賠償責任を問われるおそれがあります。

[出資払戻し]

> **知っ得メモ No.20　除名組合員の代金債権の回収**
>
> 　除名された組合員は、生協法第21条により、定款の定めるところによって払込済出資額の全部又は一部の払戻しを請求することができます。この払戻し額について、模範定款例は第13条第1項第2号で「払込済出資額の2分の1に相当する額」と定めており、各生協の定款も同様に規定するのが通例です。つまり、組合員が除名された場合、生協は当該組合員の払込済出資額の半額の払戻しに関する債務を有することとなります。この債務は、生協法第21条により「脱退」によって発生し、定款に特段の定めがない限り発生と同時に弁済期が到来します。また、民法第505条は、「2人が互いに同種の目的を有する債務を負担する場合」には、双方の債務が弁済期にある限り、対当額を相殺することができるとしています。
>
> 　以上のことから、生協と当該組合員とは、民法第505条の要件を満たしている（＝相殺適状にある）ことになり、対当額について相殺することが可能です。この場合、生協は当該組合員の払込済出資額の半額を雑収入処理とした上で、残る半額について代金債権との相殺処理を行うこととなります。

[増　資]

3-10

積立増資を1口未満単位で行う場合、定款の変更が必要か

> 当生協では、現在積立増資を出資1口金額である1000円を単位として行っているが、これを1口未満の金額に変更する方向で検討を進めている。この場合、出資の払込みに関する定款の規定を変更する必要があるか。

　積立増資の単位金額の変更に伴って定款の規定を変更する必要はありません。

　生協法第26条第1項第7号により、出資の払込み方法については定款の記載事項とされており、全額一時払込みか分割払込みかの別、および分割払込みの場合にはその方法について規定することになっています。
　ただ、現実の生協運営においては、積立増資、つり銭による増資、割戻金による増資など、1口未満の金額による増資活動が取り組まれている場合が多くあります。こうした場合、全額一時払込み制をとっている生協はもちろん、分割払込み制をとっている生協においても定款所定の払込み方法とは異なるため、1口金額に達するまでは出資金と扱うことは困難であり、預り金として扱われることになります。
　以上のとおり、積立増資など日常的に行われている増資活動と出資の払込みに関する定款の規定とは直接的な関係がない場合がほとんどです。
　したがって、本事例においても、積立増資の単位金額の変更に伴って定款の規定を変更する必要はありません。ただし、現在は積立増資を出資1口金額を単位として行っているため、払込みがあった時点で出資金として扱うことができますが、変更後は払込みがあっても1口金額に達するまでは出資金とは扱えず、出資預り金として扱うことが必要となります。

[増　資]

> **知っ得メモ No.21　割戻金の出資金への振替え**
>
> 　出資配当金や利用分量割戻金などの割戻金については、その額が僅少であり、かつ件数が多いこともあって、出資金に充当している場合が多くあります。これは、法的な整理としては一旦組合員に対して割戻金を支払った上で、その額を出資金として払い込んでいただくということになりますが、1口を越える出資は組合員の自由意思により引き受けられるものですので、強制することができません。出資金は組合員の有限責任負担という性格を持ちますので、定款に定める1口の金額を超える出資はあくまでも組合員の自由意思に基づいて行われるべきであり、個々の組合員の同意なしに出資配当金や利用分量割戻金を一括して出資金に振り替えることは認められません。
>
> 　したがって、特段の申し出がなければ出資金に充当する旨を周知しつつ、申し出があった場合にのみ払戻すという形で運用されている場合は、割戻金を出資金に振替えるという運用を行っても差し支えありません。

第3章　組合員

[出資口数の減少（減資）]

3-11

出資口数の減少を年2回、半期ごとに認めているが法との関係はどうか

> 当生協では、出資口数の減少を年2回、9月と3月に認めているが、このことは生協法との関係で問題があるか。

　事業年度末以外に出資口数の減少を認めることについて、法は認めていないものと解する他はありません。

　生協法第25条第2項により、出資口数の減少については自由脱退に係る規定（第19条、第21条～第23条）が準用されています。そのうち第19条第1項は、自由脱退について「組合員は、90日前までに予告し、事業年度末において脱退することができる」と定めています。この規定により、自由脱退の時期は事業年度末にしか認められていませんので、出資口数の減少も同じ扱いとなります。その根拠等については、別項の 知っ得メモ No.16 （61頁）を参照ください。

　したがって、当該生協の事業年度は3月21日から翌年の3月20日までであって、9月が「事業年度末」に該当しない以上、9月に出資口数の減少を認めることについて、法は認めていないものと解する他はありません。

[出資口数の減少(減資)]

知っ得メモ No.22　出資口数限度とその管理

　生協法第16条第3項では、1組合員の有することのできる出資口数の限度について、一部の連合会を除き「組合員の総出資口数の4分の1を超えない範囲」において定款で定めるよう義務づけています。

　一方、生協法第25条は出資口数の減少について自由脱退に関する規定を準用すると定めていますが、この規定により準用される同法第19条では、自由脱退について「90日前までに予告し、事業年度末において脱退することができる」としています。つまり、出資口数の減少については、時期が事業年度末に限定されているように読むことができます。

　しかし、法が出資口数の限度を定款で定めるよう義務づけていることからして、その限度を超えた場合には義務的に出資口数を減少させることも、法は想定しているものと考えざるを得ません。この場合の出資口数の減少については、そうした法の趣旨からして直ちに行うものと考えるのが自然ですし、組合員の自由意思に基づくものではない以上、同法第25条の規定を適用することにも無理があります。

　また、法が出資口数の減少について事業年度末に時期を限定している趣旨は、債権者保護と生協の事業運営への支障回避にありますが、義務的な出資口数の減少によりそうした事態が生じるまでに出資金額が減少する可能性は少ないと考えられます。

　以上から、出資口数の減少には法第25条を適用せず、即時に行うべきものと解するのが適切です。

第3章　組合員

[出資1口金額の増減]

3-12

出資1口の金額を増額する場合にどのような手続が必要か

> 出資1口の金額を増額する場合に、生協法上、どのような手続が必要か。

　全組合員の同意が必要です。ただし、それぞれの組合員の出資金額が全て増額後の出資金1口金額の倍数となっている場合には、例外的に通常の定款変更の手続により変更することが可能です。

　生協法第16条第1項は「組合員は、出資1口以上を有しなければならない」と規定しているため、組合員は最低でも1口は生協に出資する義務を有しています。しかし、1口を超える出資については、組合員が出資金額を限度とする有限責任を負うことから、定款に特段の定めがない限り任意に行われるべきものです。
　一方、出資1口の金額は生協法第26条第1項第7号により定款の記載事項ですが、これを他の定款記載事項と同様に総(代)会の特別議決で変更し、増額できるものとすると、変更後の1口金額に満たない額しか出資していない組合員は自らの意に反する場合でもその差額を出資金として払い込まなければならないこととなります。これは1口を越える出資の任意性と有限責任という考え方に反します。
　以上のことから、1口金額の増額については原則として全組合員の同意が必要であり、総会、総代会の議決では不十分です。
　ただし、それぞれの組合員の出資金額が全て増額後の出資金1口の金額を上回っており、しかも、増額後の1口金額の倍数である場合には、上述した問題が生じないので、例外的に通常の定款変更の手続により変更することが可能です。ここで、「増額後の1口金額の倍数である」ことが必要なのは、そうでない場合には端数の出資金額を生じ、1口金額との差額が未払込出資額と扱われるために追加的に出資義務を負うこと

［出資1口金額の増減］

になってしまうからです。

　なお、全組合員の同意を必要とする場合には所在不明組合員についても例外とはならないため、増額の手続きに入る前に所在不明組合員を整理することが必要となります。

[出資1口金額の増減]

3-13

出資1口金額を5000円から1000円に引き下げることはできるか

> 当生協では定款に定める出資1口金額は5000円で、加入時に3000円を支払った後、1年以内に2000円を払い込んで5000円とすることになっている。これを出資1口金額1000円、全額一時支払いという形に変更したいが差し支えないか。減少については、例えば1口5000円の出資金を有する組合員は減少後に5口5000円の出資金を有するという扱いで検討している。

　法的には、定款変更の手続により行うことができ、減少に伴って現行の1口の出資金が変更後は5口に分割されることについても、明らかにしておく必要があります。また、議決を行った場合は、法が定める債権者保護手続を講ずる必要があります。

　生協法第26条第1項第7号により、出資1口金額は定款の記載事項です。出資1口金額の増額は、同法第16条第5項により、出資金額が組合員の有限責任負担の上限とされている関係で、原則として全組合員の同意が必要と解されています。しかし、出資1口金額の減少は、同法第40条第1項第6号により、明文をもって総(代)会の議決事項とされており、通常の定款変更の手続で行うことができるものと解されます。

　ただし、出資1口金額を減少する際には、減少に伴う差益の処理についても明らかにしておくことが必要となります。出資1口金額を減少する際には、減少に伴って差益を計上して欠損金の填補にあてる場合と、減少後の金額に基づき出資を分割する場合とが考えられるからです。本事例では後者の処理が想定されていますが、この場合には、1口金額を1000円に変更することに伴って、1口の出資金が5口に分割される旨が、1口金額の減少に関わる提案の際に併せて明らかにされなければなりま

［出資1口金額の増減］

せん。

　なお、出資1口金額を5000円未満とすることについて、法による規制は存在しませんが、昭和62年6月30日付けの課長通知（平成20年9月3日最終改正）により、供給事業を主として行う生協等については出資1口金額を原則として5000円以上とすることとされています。これはあくまでも行政の指導基準に過ぎませんが、変更にあたっては事前に所管行政庁と協議しておくことが必要です。

　また、出資1口金額の減少を議決した場合は、法第49条及び法第49条の2に基づく債権者保護手続を講ずる必要がありますので、その点についても留意が必要です。

[出資その他]

3-14

定款において複数口の出資を義務付けることはできるか

> 定款において「3口以上出資しなければならない」と定められるか。

　法的には可能ですが、定款変更による場合、原則として全組合員の同意が必要です。

　定款において本事例のように規定すると、全組合員に対して3口以上の出資を義務付けることになりますので、生協法第16条第1項で「組合員は出資1口以上を有しなければならない」と規定していることとの関係で、こうした規定を定款に設けることがそもそも可能であるか否かがまず問題となります。

　農協法も第13条第2項で出資組合の組合員は、「出資1口以上を有しなければならない」と規定しています。しかし、この規定は最低基準に近いものであって、組合員の合意に基づいて協同組合が自主的に複数口の出資を義務付けることは、協同組合自治に属する事項として可能であると解されています。このことに鑑み、定款において複数口の出資を義務付けることは法的に不可能ではないと解するのが妥当です。

　このように解した場合、生協法第16条第2項が出資1口の金額を「通常負担できる程度」としていることとの関係が問題となります。つまり、最低出資口数を膨大な数に設定することができるとすると、1口金額が僅少であっても当該規定の意味は失われるからです。当該規定の趣旨は加入脱退の自由の実質的保障にありますので、組合員たる資格を有する者が加入にあたって支払う金額が、「通常負担できる程度」であることが法的には必要であり、定款において最低出資口数を複数にした場合には、最低出資金額について当該規定が準用されると解することが適切です。

　また、定款変更により最低出資口数を引き上げた場合、生協法第15

条第2項にいう「現在の組合員が加入の際に付されたよりも困難な条件」に該当するか否かが問題となります。しかし、最低出資口数を引き上げた場合全てを「困難な条件」にあたるとするのではなく、経済状況の変動に照らして合理的な範囲内であるか否かを実質判断して「困難な条件」への該当性を判断する方がより適切ではと考えます。

　次に、組合員の有限責任負担との関連が問題となります。設立時の定款（原始定款）において定める場合は特段の問題はありませんが、定款の変更によって義務付けを行う場合には、出資1口金額の変更の場合と同様、1口を超える出資の任意性及び組合員の有限責任との関係が問題となります。したがって、全ての組合員が変更後の最低出資口数を保有していない限り、通常の定款変更の手続きでは足りず、全組合員の同意が必要です。

[組合員借入金]

3-15

組合員借入金の受取証はいつまで保存すべきか

> 満期の到来した組合員借入金を組合員に返還した際の受取証は、いつまで保存すべきか。

　返済時期の到来後10年間保存することが適切です。

　生協が組合員に対して金銭の支払いを行った場合の証憑書類については、当該支払いの有無をめぐる法的紛争が生じた場合を考慮し、当該支払いの根拠となる組合員の権利が時効により消滅するまで保存することが適切です。

　組合員借入金は、生協と組合員との金銭消費貸借契約であり、返済時期の到来をもって弁済期が到来します（民法第587条、第412条）。したがって、組合員の貸金返還債権は返済時期の到来をもって行使可能となるため、時効はその時点から進行し、民法第167条第1項により10年間で完成することとなります。

　以上のことから、本事例における受取証は、当該組合員借入金の返済時期の到来後10年間は保存することが適切です。

[組合員借入金]

知っ得メモ No.23　組合員借入金に関する指導基準

　組合員借入金は、組合員と生協との間で結ばれる金銭消費貸借契約です。

　組合員借入金を発行する際には、①.使途を明確に限定すること、②.募集を組合員のみに止めること、③.償還が実質的に保障される範囲内に止めるよう十分留意すること、④.借入れに際しては借入金額、募集期間、返済時期等借入条件を明示すること、の4点を踏まえて行うことが厚生労働省から指導されています。

　これを満たしている限り、組合員借入金は、借主である生協の資金調達の便宜のために行われ、資金があらかじめ示された方法によって運用されることが前提になっていることから、出資法第2条による規制の対象となる「預り金」には該当しないと解されています。したがって、組合員借入金の発行にあたっては、前記の4点を厳守するとともに、借入期間の終了後は、速やかにその旨を貸主である組合員に通知し、払戻しの処理を行うことが必要です。

3-15　組合員借入金の受取証はいつまで保存すべきか

[代金債権等の管理]

3-16

利用分量割戻金と供給未収金を相殺することはできるか

> 長期の供給未収金のある組合員について、利用分量割戻金と供給未収金とを相殺することはできるか。その場合、相手方の同意は必要か。

　供給未収金と利用分量割戻金を相殺することは可能です。この場合、個別に組合員の同意を得る必要はありませんが、その旨を組合員に対して通知することは必要です。

　法人たる生協と組合員との関係については、特別法たる生協法に規定がない限り民法の規定に従うことになります。民法第505条は「二人が互いに同種の目的を有する債務を負担する場合において、双方の債務が弁済期にあるときは、各債務者は、その対当額について相殺によってその債務を免れることができる」と定めています。
　つまり、(a) 生協と組合員が相互に金銭債務を有していること、(b) 双方の債務が弁済期にあること、という2つの要件を満たしている限り、同条の規定に基づき相殺を行うことが可能です。もっとも、相殺を主張する側の債務については、自ら期限の利益を放棄することは自由であるという理由から、弁済期になくとも相殺を行って差し支えないと解されています。
　まず、供給未収金が売買契約に基づく代金債権であることは明白です。他方、利用分量割戻金ですが、そもそも剰余金割戻請求権は組合員たる地位に基づく抽象的権利であり、総(代)会における剰余金処分案の議決により、総(代)会当日に在籍する組合員につき具体的な債権となります。言い換えれば、剰余金処分案の議決によって確定した利用分量割戻金の請求権は債権です。したがって、(a)の要件は満たしていることになります。

[代金債権等の管理]

　次に、組合員の供給代金支払債務は本事例において弁済期を経過し、履行遅滞の状況にあるものと考えられます。生協の利用分量割戻金支払債務については、弁済期がいつかは定款、規約等の規定によることになりますが、前述したとおり、生協から相殺の主張を行うにあたっては、生協側の債務につき弁済期が到来しているか否かは関係しません。つまり、(b) の要件も満たしていることになります。

　以上のことから、生協から組合員に対して、供給未収金と利用分量割戻金を相殺することは可能です。この場合、相殺は前述した民法の規定により行うことになるため、個別に組合員の同意を得る必要はありませんが、その旨を組合員に対して通知することは必要だと考えます。

> **知っ得メモ No.24　供給未収金と出資金の相殺**
>
> 　出資金自体は債権ではないので、供給未収金と出資金自体とを相殺することはできません。しかし、脱退や出資口数減少により生ずる出資払戻請求権は債権ですので、該当の組合員が相殺を希望している場合、その組合員が脱退または出資口数の減少を行うことにより出資金払戻請求権を生じさせ、その債権と相殺することは何ら差し支えありません。

3-16　利用分量割戻金と供給未収金を相殺することはできるか

[代金債権等の管理]

3-17

生協の組合員に対する供給未収債権の時効は何年か

> 生協の組合員に対する債権(供給未収金)の時効は、民法の売掛金で2年、一般債権で10年、商法で5年となっているが、どれを適用すれば良いか。

　民法第173条に定める2年の短期消滅時効が準用されると解されます。

　本事例では、組合員に対する供給未収債権の消滅時効は、商法第522条に定める商事債権の消滅時効5年、民法第173条第1号に定める小売商人の売掛金債権の消滅時効2年、民法第167条に定める一般債権の消滅時効10年のいずれが適用されるかが問題となっています。
　まず、商法第522条の適用の可否について検討します。
　同条は「商行為によって生じた債権」に関する規定ですから、生協の組合員に対する供給という行為が商行為たりうるか否かが問題となります。そもそも、生協は組合員に対して最大の奉仕をすることを目的とし、営利を目的として事業を行ってはならないので、商人資格を有しません。また、生協の組合員に対する供給という行為は、反復、継続して行われるものですが、営利目的が存在しないことから営業的商行為にも該当せず、投機意思(営利意思)が存在しないため、絶対的商行為にも該当しません。したがって、生協の組合員に対する供給は商行為たり得ず、商法第522条は適用されないと解されます。
　次に、民法第173条第1号の適用の可否について検討します。
　同規定が適用されるためには、生協が同規定にいう「小売商人」に該当することが必要です。しかし、同規定にいう「小売商人」に該当するためには商法上の商人であることを要するというのが、通説、判例であり、上述した通り生協が商人資格を有しない以上、同規定も適用されないと解されます。ただし、商品の売却又はこれに類する行為を定型的、

[代金債権等の管理]

反復的、継続的に行う生協の供給事業は、その外見として小売商人の行う営業行為と類似しています。したがって、同規定の準用を認めることが債権債務関係の早期安定に資することになりますし、同規定の目的にも合致するものと考えられます。同様の趣旨から協同組合の商人性を否定した上で同規定の準用を認めた判例も存在します。

以上から、生協の組合員に対する供給未収債権の消滅時効には、民法第173条第1号に定める「小売商人」の売掛金債権の消滅時効2年の準用を認めることが適切です。

> **知っ得メモ No.25 供給未収金の延滞利息**
>
> 組合員の生協事業の利用代金については、通常の代金債権と同様に扱われており、民法の規定が適用されます。したがって、弁済期に至っても代金が支払われない場合、組合員は民法第415条により債務不履行による損害賠償責任を負います。この場合の損害額については、同法第419条第1項により、同法第404条に定める法定利率（年5％）によることになります。この損害賠償請求については、同法第419条第2項により債権者の側で損害を証明する必要はありません。
>
> 以上のことから、その範囲で延滞利息を課すことについては、組合員との間に特段の取り決めがなくとも民法に基づいて行うことができると解されます。

[組合員その他]

3-18

組合員訴権の各訴訟について提訴期限はどうなっているのか

> 組合員訴権が導入されたが、各訴訟について提訴期限はどうなっているのか。

　組合員訴権には提訴期限のあるものとないものがあります。詳細は下記を参照ください。

　生協法では、監事の監査権限を強化し、役員によるガバナンス強化をはかっていますが、それと併せて組合員の訴権を導入し、役員によるガバナンスが何らかの理由でうまく機能しない場合に、組合員のイニシアティブにより是正を図る手段を規定しています。導入された組合員訴権は下記の通りです。

総(代)会決議関係	総(代)会の決議などの効力を争う訴訟は下記の通りです。[第46条] ・総(代)会決議等不存在確認の訴え(招集手続がないなどの場合) ・総(代)会決議等無効確認の訴え(決議内容が法令違反である場合) ・総(代)会決議等取消しの訴え(招集手続・議決方法等に瑕疵がある場合) ※取消しの訴えは決議から3ヶ月以内に提訴することが必要です。
役員責任追及の訴え(代表訴訟)	6ヶ月前から継続加入している組合員が生協に提訴を請求し、60日間の間に提訴がなかった場合、組合員が訴えを提起できます。[第31条の6]
差止請求訴訟	理事が法令・定款に違反する行為をし、生協に「回復できない損害」を生ずるおそれがある場合、組合員はその行為の差止めを請求

	できます。[第30条の3第3項] ※監事による差止めの要件「著しい損害」よりも要件が重くなっています。
その他の訴訟	下記の訴訟が導入されますが、いずれも行政庁の認可が必要な事項であるため、無効判決が下されるケースは稀であると考えられます。 ・出資1口金額減少無効の訴え（効力発生から6ヶ月以内）[第50条] ・設立無効の訴え（生協成立の日から2年以内）[第61条の2] ・合併無効の訴え（効力発生日から6ヶ月以内）[第71条]

　各訴権の提訴期限は上記の通りですが、提訴期限が定められていないものもあります。それぞれに関する考え方は下記の通りです。

◆総(代)会決議等不存在確認の訴え／総(代)会決議等無効確認の訴え
　〜前者は総(代)会の招集手続が実質的に行われていないなど手続上の瑕疵が甚だしい場合、後者は総(代)会の議決内容が法令に違反する場合であり、いずれも重大な問題があることから、基本的にいつでも提訴することができます。ただ、訴訟の一般原則として提訴するには訴えの利益があることが必要であり、それがない場合には不適法な訴えとして却下されることになります。

◆役員責任追及訴訟（代表訴訟）
　〜役員の損害賠償責任が時効により消滅しない限り提訴が可能です。役員の損害賠償責任の消滅時効については、特別の規定がないことから、民法の一般原則により10年となります（民法第167条第1項）。

◆差止請求訴訟
　〜提訴期限に関する規定はありませんが、不正行為等による損害を未然に防止することを目的とするものであることから、当該行為が既に完了している場合には提訴の余地がないものと考えられます。この場合には、むしろ役員責任追及訴訟の対象になり得ます。

[組合員その他]

> **知っ得メモ No.26** 生協法上の組合員の権利
>
> 　組合員は、出資金を払い込んで加入することにより、組合員としての地位を得るわけですが、その地位により当然に、さまざまな権利を生協に対して持つことになります。これらの権利は、自分が経済的・文化的なメリットを享受する権利（＝自益権）と、生協の構成員として生協運営に参画する権利（＝共益権）とに大別されます。法律上認められる組合員の権利には、以下のものがあります。
>
> A　自益権（自分が経済的・文化的なメリットを享受する権利）
> 　①．事業を利用する権利（法第12条）
> 　②．剰余金の割戻しを受ける権利（法第52条）
> 　③．残余財産の分配を受ける権利（準用会社法第502条：解散の場合）
>
> B　共益権（生協の構成員として生協運営に参画する権利）
> 　①．議決権（法第17条第1項）
> 　②．選挙権（法第17条第1項）
> 　③．役員の被選挙権（役員選挙方式をとる場合：法第28条第1項）
> 　④．総代の被選挙権（法第47条第2項）
> 　⑤．書類の閲覧・謄写を請求する権利［主なものは下記］
> 　　・組合員名簿（法第25条の2）
> 　　・定款・規約（法第26条の5）
> 　　・理事会議事録（法第30条の7）
> 　　・決算関係書類等（法第31条の7）
> 　　・総（代）会議事録（法第45条）
> 　⑥．少数組合員権
> 　　少数組合員権とは、1人の組合員ではなく、一定数の組合員の同意があってはじめて行使できる権利であり、下記のものがあります。
> 　　a）会計帳簿・書類の閲覧を請求する権利…法第32条第3項：組合員の3％
> 　　b）総（代）会の招集を請求する権利…法第35条第2項：組合員（総代）の

20%
　c）役員の解任を総（代）会に付議することを請求する権利…法第33条：組合員（総代）の20%
　d）行政庁の検査を請求する権利…法第94条第1項：組合員の10%
　e）総（代）会の議決等の取消を行政庁に請求する権利…法第96条：組合員（総代）の10%
⑦．各種の訴権
　組合員による訴権が認められている主な訴訟は下記の通りです。
　a）総（代）会の議決等の効力を争う訴訟（準用会社法第830条・第831条）
　b）役員の責任追及訴訟（代表訴訟：準用会社法第847条）
　c）理事の不正行為等の差止め請求訴訟（回復できない損害を生ずるおそれがある場合のみ：準用会社法第360条）

第4章

定款・規約

[定款記載事項・方法]
4-1 子育て支援事業に関する定款の記載をどのようにすべきか
[定款変更]
4-2 定款変更議決と変更後の定款による役員選挙を同じ総会で実施できるか
[規約記載事項・方法]
4-3 規約・規則の位置付けはどう考えればよいか
[規約設定・変更等]
4-4 総(代)会の議決を経ずに行うことのできる規約変更はどこまでか

[定款記載事項・方法]

4-1

子育て支援事業に関する定款の記載をどのようにすべきか

> これまで「子育て支援事業」は福祉事業に含まれると説明を受けてきたが、定款の「事業」に「子育て支援に関する事業」と規定することはできるか。また、後段の「事業の品目等」ではどのように規定しておくべきか。

　定款の「事業」はいわゆる福祉事業とし、「事業の品目」に「子育て支援に関する事業」を追記することが考えられます。

　定款は法令に基づく自治規範であり、定款の「事業」（模範定款例では第3条）には、各生協の実情に則して「現に組合が行っているもの及び行おうとしている事業を規定する」（模範定款例第3条（注））ことになります。生協法第10条第1項第7号で、生協が行うことのできる事業の1つとして、「高齢者、障害者等の福祉に関する事業であって組合員に利用させるもの」が規定されていますが、この場合の「高齢者、障害者等」の「等」については、福祉事業の対象を幅広く捉えられるようにとの趣旨を踏まえた規定であると説明されています。

　したがって、子育て支援事業について定款上も独立した事業として規定することもできますが、福祉事業にかかわる員外利用や区分経理との関連を考えると、模範定款例第3条第1項第6号のいわゆる福祉事業の1つとして「子育て支援に関する事業」を加える方法が望ましいのではと考えます。この場合、具体的な事業については、「事業の品目等」（模範定款例では第62条）の中の福祉事業に関する部分（同条第5号）に、子育て支援に関する法令（地方自治体の条例等を含む）を参考にしながら、関連事項を含めて追記しておくことで足ります。

[定款記載事項・方法]

> **知っ得メモ No.27** 定款とその必要記載事項
>
> 　生協は消費者の自主的な協同組織ですから、その運営は組合員の自治によることになります。自治のためにはそれを支えるルールが必要ですが、その最も重要なものが定款です。
>
> 　定款は、各生協の目的、名称、事業、区域など組織の根本にかかわる事項や、役員、総(代)会、剰余金処分など運営の基本的なルールを定めるものです。また、定款では組合員の権利や義務に関する事項についても定めますが、その内容について組合員は包括的に承認したとみなされます。このように、生協運営にとって定款が持つ意味は非常に大きく、「生協の憲法」と呼ばれることもあります。
>
> 　こうした定款について、生協法は以下の必要記載事項を定め（法第26条第1項）、行政庁はこれを具現化した模範定款例を定めることができるとしています（同条第2項）。
>
> ①．事業
> ②．名称
> ③．地域又は職域
> ④．事務所の所在地
> ⑤．組合員たる資格に関する規定
> ⑥．組合員の加入及び脱退に関する規定
> ⑦．出資1口の金額及びその払込みの方法並びに1組合員の有することのできる出資口数の最高限度に関する規定
> ⑧．第1回払込みの金額
> ⑨．剰余金の処分及び損失の処理に関する規定
> ⑩．準備金の額及びその積立ての方法に関する規定
> ⑪．組合員の権利義務に関する規定
> ⑫．事業の執行に関する規定
> ⑬．役員に関する規定
> ⑭．総会に関する規定

⑮. 事業年度
⑯. 公告方法（組合が公告（～略～）をする方法をいう。以下同じ。）
⑰. 共済事業を行うときは、その掛金及び共済金の最高限度
⑱. 存立の時期又は解散の事由を定めたときは、その時期又は事由
⑲. 現物出資をする者を定めたときは、その者の氏名、出資の目的たる財産及びその価格並びにこれに対して与える出資口数

なお、定款を変更する際には、その重要性から、総(代)会の特別決議が必要とされ、かつ、行政庁の認可がなければ効力が生じないことになっています（法第42条、第40条第4項）。

[定款変更]

4-2

定款変更議決と変更後の定款による役員選挙を同じ総代会で実施できるか

> 定款に定める理事定数の変更とその増加分の役員選挙を同じ総代会で行うことができるか。

　定款変更の場合は、行政庁の認可を停止条件として選挙を行い、認可後に就任することは可能です。

　生協法第40条第4項により、定款変更は行政庁の認可を受けなければ法的効力を有しません。つまり、総代会において定款変更を議決したとしても、行政庁の認可を得るまでは依然として変更前の定款が効力を有していることになります。したがって、役員定数の増加に係る定款変更の議決と、変更後の定数に基づく役員選挙を同一の総代会で行うとすれば、当該定款変更に係る行政庁の認可を効力発生の条件とした、停止条件付の法律行為という形で、増加分の役員の選挙を行う他ありません。こうした形での役員選挙が可能であるか否かにつき、以下検討します。

　第一に、役員の選挙及び就任に条件又は期限を付することができるかという点が問題となります。この点については、役員の選挙及び就任のいずれも民事上の法律行為であり、合意に基づき一定の条件又は期限を付することは私的自治の観点に照らして認められます。
　第二に、行政庁の許可や認可を条件とする法律行為の有効性が問題となります。この点についても、行政庁の許可を条件とする契約につき、判例は停止条件付法律行為として効力を認めています。
　第三に、規約との整合性の問題があります。役員選挙については、公告、候補者の推薦等が総代会の前に行われるため、総代会で定款の変更を議決する前に、定款に定める数よりも多い役員を選挙することを前提

[定款変更]

に準備作業を進めざるを得ません。そのため、例えば選挙すべき役員の数について定款に定める範囲内において理事会で都度定める旨を規約で規定している場合に、理事会において変更前の定款に定める数を超える役員を、選挙すべき役員の数として定めることが可能かといった点が問題となります。しかし、定款変更を行う場合には、役員定数に限らず、事前にその準備を進めることが必要であり、こうした実際の要請を無視することはいたずらに手続を煩雑にすることにつながります。したがって、変更前の定款に定める数を超える分の役員につき、総代会での定款変更の議決及び行政庁の認可を条件として総代会で選出すべく、理事会で決定することも可能と考えるべきです。

　以上のことから、役員定数の増加に係る定款変更の議決と、変更後の定款に基づく役員選挙を同一の総代会で行うことは、当該定款変更に係る行政庁の認可を効力発生の条件とした、停止条件付の法律行為という形で増加分の役員の選挙を行う限り可能と解されます。
　その場合には、増加分の役員候補者と、変更前の定款に定める定数に基づく役員候補者とを具体的に区分できるよう明確にしておくことが必要です。
　また、民法第127条第1項により、停止条件付法律行為は原則として条件成就のときから効力を有することとなりますので、本事例においては行政庁の認可があった時点で、理事会又は総代会の時点まで遡って効力を発生させることが必要となります。したがって、同条第3項より、条件成就つまり行政庁の認可の効果をその時点まで遡らせる旨を明確にしておくことが必要です。
　最後に任期の件ですが、当該理事は就任時期が他の理事と異なるため、必要があれば就任時期及び任期について附則で明確にしておくことが適切です。例えば、「当該総代会において行政庁の認可を停止条件として選出された役員は、当該定款変更について行政庁の認可があったときに就任し、その任期は当該認可の際現に在任する役員の任期満了のときまでとする」といった規定を附則で設けておくことをおすすめします。

[定款変更]

> **知っ得メモ No.28** 定款変更に関連する規約の設定・変更の際の議決順
>
> 　内部規範である定款と規約の関係は、定款が上位の規範であり、規約に定款を逸脱する内容を定めることはできません。したがって、規約設定議案を先に採決した場合には、規約の設定が可決されたにもかかわらず、その前提となる定款の変更が否決される可能性が生じ、当該規約は総代会の議決を得たにもかかわらず、定款の規定を逸脱するために無効とされることになるなど、大きな混乱を招くおそれがあります。逆に、定款の変更を先に採決すれば、定款変更議案が否決された場合は、規約を採決に付さないことによりこのような矛盾の発生を回避できます。
>
> 　以上から、定款変更と規約の設定又は変更が同時に必要になる場合は、定款変更議案の採決を先行することが適切です。

[規約記載事項・方法]

4-3

規約・規則の位置付けはどう考えればよいか

> 文書の体系上、規約・規則の位置付けはどのように考えればよいか。たとえば、規約の制定・改定は総(代)会の議決事項、監査に関する規則は総(代)会の承認事項、その他理事会の運営に関し必要な事項は規則で定める等、議決する機関、決議事項か承認事項かなど、どのように決められているのか。

　規約は、生協法および模範定款例で定めがあるように、総(代)会の議決事項です。総(代)会議決事項でないものは、規則等と称して理事会の議決事項としています。例外的に、監事監査規則については模範定款例で総(代)会承認事項としています。

　生協法第26条の2（規約）では、「会計又は業務の執行に関し、組合の運営上重要な事項は、定款で定めなければならない事項を除いて、規約で定めることができる。」とし、模範定款例第51条第1項第2号では、「規約の設定、変更及び廃止」を総(代)会の議決事項としています。
　一方、模範定款例第37条第12項は「監査についての規則の設定、変更及び廃止は監事が行い、総(代)会の承認を受けるものとする。」としています。総代会の承認が必要な監事監査規則がなぜ「規約」ではないかについては、監事監査に係るルールは法でいう「会計又は業務の執行に関する」ものとはいえないことが理由と判断されます。また、「規則」でありながらなぜ監事が提案し、総代会の承認を必要とするかについては、監査業務が監事により行われるものであるために監事自身がルール設定に関わる必要がある一方、監事の監査業務の遂行が円滑に行われるための後ろ盾として総代会の承認を求めるのが適切であるという考え方（監事の独立性保障の一環）に基づくものと考えられます。
　その他の規則については、模範定款例第33条第1項第3号では、「この

[規約記載事項・方法]

組合の財産及び業務の執行のための手続その他…を定める規則の設定、変更及び廃止」を理事会の議決事項としています。

> **知っ得メモ No.29** 規約について
>
> 　各生協は、定款のもとに規約、規則、規程などの諸規程を設け、日常の運営や財産管理のルールを決めていくことになります。こうした諸規程の中でも、とくに規約は定款に次いで大切な決まりです。
>
> 　生協法第26条の2は、「会計又は業務の執行に関し、組合の運営上重要な事項は、定款で定めなければならない事項を除いて、規約で定めることができる」と規定し、その設定や改廃には総(代)会の議決が必要としています(法第40条第1項)。
>
> 　生協運営の公正・透明性を確保する上で、適正な手続のもとに運営に関するルールを定めることは欠かせません。規約は、法令や定款に反したり、生協の本質や公序良俗に反したりしない限り、各生協の実情にあわせて自由に決めることができます。少なくとも、総代選挙規約、役員選挙規約(役員選任規約)、総(代)会運営規約は必要ですが、これに加えて、元受共済事業を行う場合には共済事業規約、貸付事業を行う場合には貸付事業規約を設けなければなりません。これらの規約のうち、共済事業規約・貸付事業規約については、設定や改廃について行政庁の認可が必要になります(法第40条第5項、第6項)。

4-4

総(代)会の議決を経ずに行うことのできる規約変更はどこまでか

> 生協法では、規約の変更のうち軽微な事項その他の厚生労働省令で定めるものについて、総代会の議決を経ずに変更できるとされているが、省令ではどのような事項が定められているのか。

　省令（生協法施行規則）では、総(代)会の決議を経ずに変更できる規約の範囲を定めていますが、その全てを総(代)会に付議しないと定款で規定することによって、かえって組合員への通知および公告の実務負担が重くなる可能性もありますので、注意が必要です。

　生協法第40条第3項では、「規約の変更のうち軽微な事項その他の厚生労働省令で定める事項に係るもの」について、定款により総(代)会の議決を経ずに行うことができるとし、その場合には、総(代)会に付議しない事項の範囲と、通知・公告などの変更内容についての組合員への周知方法を定款で定めなければならないと規定しています。軽微な事項などについて規約の変更手続の簡素化を図るのがその趣旨です。この変更に総(代)会の議決を必要としない事項について、省令（法施行規則第157条）では以下を定めています。

(a) 関係法令の改正（条項の移動等内容の実質的変更を伴わないもの）に伴う規定の整理
(b) 共済掛金及び責任準備金の額の算出方法に関して共済事業規約への記載が必要な事項（法施行規則第55条第1項3号）の設定および変更
(c) 貸付事業を行う事業所等の所在地および電話番号その他の連絡先の変更
(d) 責任共済等の事業に関する共済事業規約の変更

[規約設定・変更等]

　各生協の定款では、これらの事項の範囲で、総(代)会に付議せずに規約を変更できる事項について規定することができます。
　模範定款例第51条第4項では、「規約の変更のうち、以下の事項については、第1項の規定にかかわらず、総(代)会の議決を経ることを要しないものとすることができる。この場合においては、総(代)会の議決を経ることを要しない事項の変更の内容の組合員に対する通知、公告その他の周知の方法は第78条及び第79条による。」とし、第78条で公告の方法、第79条で組合員に対する通知及び催告の方法を規定しています。
　元受共済事業を行う生協では、(b)によって規約の変更手続が簡素化できる範囲が一定にあるため、(b)を含んだ形で定款に規定しておくことが必要です。他方、元受共済事業を行わない生協では、総(代)会の議決を経なくて良い事項が(a)に限定されますが、この対象となるのは規約の中で法律の条文を引用している場合の条文番号の変更レベルです。そのため、実質的な意味はあまりない一方、総(代)会の議決を経ないで行った場合には通知、公告など全組合員への周知措置が義務付けられているので、実務的にはかえって負担が重くなる可能性もあります。そうした事情を考慮した上で、規定を設けるか否かを検討することが必要です。

第5章

役員等

[役員資格]
5-1 総代は役員候補になれないか、役員就任時点で総代退任でもよいか
5-2 役員の欠格事由に該当しないことをどう確認すべきか
[役員定数]
5-3 定款上で「定数を欠く」と定めている場合の「定数」とは何か
[役員任期]
5-4 期中で増員した役員の任期はどうなるか
[役員選挙]
5-5 役員選挙の際の選挙運動を選挙公報への掲載だけに限定できるか
5-6 役員選挙の立候補受付期間を総代会当日までとする必要があるか
[役員選任]
5-7 役員選任制を採用した場合、立候補する権利はどうなるか
[役員欠員]
5-8 任期途中に理事が辞任し、定数を欠いたまま運営してきたが、問題はあるか
[役員報酬]
5-9 役員報酬をなぜ総代会で決めなければならないか
[役員責任]
5-10 役員の生協に対する法的責任とは具体的にどのようなものか
[役員終任]
5-11 任期途中の理事の辞任届を理事会で了承しないことができるか
[理事会関連]
5-12 理事会招集の際に議案書を事前に送付しなければならないか
5-13 議長を除くと定足数に満たない理事会でなされた議決は有効か
5-14 役付理事の互選を総代会の翌月の理事会で行っても問題はないか
5-15 子会社等との取引は自己取引に該当するか
5-16 役員報酬の配分決議の際に特別利害関係理事の規定は適用されるか
5-17 理事会議事録には、どの程度の内容まで記載しなければならないか
5-18 代表理事と理事長、専務理事等との関係をどう捉えるべきか
[監事関連]
5-19 監事会設置は必要か、監事会と各監事の権限との関係はどうか
5-20 決算関係書類等の監査が早くできた場合、監査報告を早く提出してもよいか
[外部監査]
5-21 任意の外部監査を行う公認会計士の選任に、総代会議決は不可欠か

[役員資格]

5-1

総代は役員候補になれないか、役員就任時点で総代退任でもよいか

> 日本生協連の『役員選挙規約例』で、総代は役員に立候補できない旨を規定している趣旨は何か。役員に就任する時点で総代を退任するという形で定めても良いか。

　特定の者が複数の機関に所属し、意思決定に関与するのは好ましくないため、これを避けるための規定です。総代退任時期は役員就任時点としてもかまいません。

　役員と総代の兼任に関する法律上の規定は特にありません。
　しかし、総代会は生協の組織運営のための重要な機関で、最重要事項の議決等を行う最高の意思決定機関として総会に代わる存在であり（生協法第47条第1項）、毎年の生協運営の基本的枠組み等を決定します。そのため、総代会は、業務の執行を決する理事会や監査を行う監事に対し、その選出機関として緊張関係を維持することが必要です。チェック・アンド・バランスによるガバナンスをうまく機能させるためには、役員と総代の兼任は好ましくありません。このため、日本生協連の『役員選挙規約例』は、総代は役員に立候補できないと定め（第6条第3項第3号）、同様の趣旨で『役員選任規約例』も、総代は役員の候補者になれないと定めています（第4条第1項第1号）。このような規定の下では、総代が役員に立候補する（又は役員選任議案で候補者となる）際には、総代を辞任（あるいは役員が総代に立候補する際に役員を辞任）することになります。
　ただし、役員と総代の兼任を実際的に避けることが担保できれば、役員となる者が総代を退任する時点や手続き等は、各生協の実状に合わせた判断で自主的に決められるべきものです。例えば、選挙制の場合、役

［役員資格］

員立候補段階で総代辞任ではなく、役員に就任する時点で総代を退任するという方式を採用し、役員選挙規約の第6条第3項ではなく、第15条第4項に「当選人が総代である場合、役員に就任した時は総代を退任する。」と定めることも考えられます。選任制の場合でも、総代を退任して役員候補者になるのではなく、役員に就任したら総代を退任するという方式にし、役員選任規約の第4条1項ではなく、第10条第3項として同様の規定を設けることも考えられます。

　なお、候補段階で総代を辞任する場合は、総代として総代会に出席することはできません。しかし、役員就任時に総代を辞任するように規定した場合は、役員の任期に関して模範定款例と同様に定款に規定していれば、役員への就任時期（＝総代退任時期）は総代会終了後となりますので、役員として選出されるその総代会に出席し、総代として議決権、選挙権を行使することができます。

知っ得メモ　No.30　役員候補者名簿への通称氏名の記載の適否

　役員選出の手続はあくまでも生協内部の問題なので、候補者名簿に通称で氏名が記載されていたとしても、候補者が誰であるかが特定できる限り問題は生じません。また、役員に就任した後に日常の活動を通称で行ったとしても、そのことで直ちに法的な問題が生ずるわけではありません。

　しかし、さらにその方が代表理事に選定された場合には、生協法第74条第2項第5号により、代表権を有する者の氏名は登記事項とされており、少なくとも登記にあたっては戸籍上の氏名を使用することが必要となります。総代会議案書・総代会議事録や理事会議事録などの公式文書に名前を記載する場合も、登記の際の添付書類となることがあるので、通称と戸籍上の氏名を併記するなどの形で、個人を特定できるようにしておくことが適切と考えます。

[役員資格]

5-2

役員の欠格事由に該当しないことをどう確認すべきか

> 役員の欠格事由が定められているが、これに該当しないことの証明はどう考えたらよいか。公的機関からの証明書を取り寄せる必要があるか。

　法律や定款の規定が分るようにしておいた上で、立候補届や役員候補になることの受諾文書に、氏名、略歴等とともに「資格の点で法や規約の規定に反することはない」という趣旨の文言を織り込んでおき、自己申告で出していただくのが現実的対応です。

　生協法は、以下の者は役員になれないとしています（第29条の3第1項）。

①. 法人
②. 成年被後見人若しくは被保佐人又は外国の法令上これらと同様に取り扱われている者
③. この法律、会社法若しくは中間法人法の規定に違反し、又は民事再生法（詐欺再生罪、特定債権者に対する担保供与罪、報告・検査拒絶罪、帳簿・書類等隠匿・偽造罪、監督委員等に対する職務妨害罪、監督委員等に対する贈賄罪）若しくは破産法（詐欺破産罪、特定債権者に対する担保供与罪、説明・検査拒絶罪、重要財産開示拒否罪、帳簿・書類等隠匿・偽造罪、審尋における説明拒否罪、破産管財人に対する職務妨害罪、破産管財人等に対する贈賄罪）の罪を犯し、刑に処せられ、その執行を終わり、又はその執行を受けることがなくなった日から二年を経過しない者
④. 前号に規定する法律の規定以外の法令の規定に違反し、禁錮以上の刑に処せられ、その執行を終わるまで又はその執行を受けることがなくなるまでの者（刑の執行猶予中の者を除く）

[役員資格]

　また、「破産手続き開始の決定を受け、復権していない者」は元受共済実施生協の役員になれないことを定めています（同条第2項）。さらに、各生協による判断によって、社会通念上妥当な範囲で、法定された者以外にも生協役員として不適格な者を規定することもできます。『役員選挙規約例』（第5条）・『役員選任規約例』（第4条）では、法定されてはいませんが「未成年者」、「被補助人」を、また元受共済実施生協以外についても「破産手続き開始の決定を受け、復権していない者」を、生協を運営する役員として不適格という趣旨で、法に規定された範囲に追加して定めています。

　なお、欠格事由に該当しないことの証明方法についてですが、成年後見（第2号）や犯罪歴（第3号、第4号）は、プライバシー保護の観点から戸籍にも記載されていません。通常は取得や提出されることのない証明であり、身近な市町村役場で取得できるものではなく、取得方法や請求先もほとんど知られていません。煩雑な公的証明提出を候補者に条件として求めることは、実践的には考えにくいため、法律や定款の規定が分るようにしておいた上で、立候補届や役員候補になることの受諾文書に、氏名、略歴等とともに「資格の点で法や規約の規定に反することはありません」という趣旨の文言を織り込んでおき、自己申告で出していただくのが現実的対応ではないかと思われます。

[役員定数]

5-3

定款上で「定数を欠く」と定めている場合の「定数」とは何か

> 定款では、欠員の際の補充に関する条文や、退任役員の職務延長に関する条文で「定数を欠く」という表現がされているが、ここで言う「定数」とは何を指しているか。

定款に定める定数の下限を指します。

生協法第29条は、役員の補充について、「理事又は監事のうち、その定数の5分の1を超えるものが欠けたときは、3月以内にこれを補充しなければならない」と定めており、また、第30条の2は、「この法律又は定款で定めた役員の員数が欠けた場合には、任期の満了又は辞任によって退任した場合において、役員の数がその定数を欠くに至った」場合に、退任役員がなお役員としての権利義務を有する旨の規定を設けています。

模範定款例（第22条、第23条第4項）もこれと同様の規定を設けています。

これらは、いずれも「定数を欠く」場合に関する規定ですが、法は、理事、監事それぞれの最低人数を5人、2人と定めているだけで（第27条）、ほとんどの生協はこれより多い人数を定款に定めています。また、定款には役員の定数に幅を設けて定めるのが通例で、実際の選出にあたっては、定款の定める幅の範囲内で一定数を選出しています。定数に関連する数字には、定款に定める定数の上限、下限、選出にあたって定数とされた数字があり、さらに、実際に選出した役員数、その時点における役員の総数も、これらと異なることもあります。このため、ここでいう「定数」が何を指すのかが問題となります。

この点に関して、模範定款例第22条に関する「解説」は、「…役員の定数をたとえば『理事16人以上20人以内』というように幅をもたせて

[役員定数]

規定している組合については、その定数の5分の1を超えるとは…定款に規定する数の最低数をとればよいものと解されて」いるとしています。解釈の安定性の観点からは、定款に用いられる役員の「定数」という概念は、規定の趣旨を考慮した上で、異なった条文にでてくるものも基本的に同一の解釈を行うことが適切です。したがって、職務延長に関する規定における「定数」も同様に、定款に定める定数の下限を意味するものと解することが適切です。

[役員任期]

5-4

期中で増員した役員の任期はどうなるか

> 一昨年の総代会で役員を改選したが、昨年の通常総代会でさらに常勤役員を2名選出した。任期を合わせるために、昨年選出した役員は辞任しなければならないか。

　総代会の議決による役員の任期の伸縮はできませんので、昨年選出した役員の意思による辞任扱いとする他はありません。

　理事の任期は2年以内、監事の任期は4年以内で、それぞれ定款に定めた期間と規定されていますが（生協法第30条）、途中で増員した役員の任期に関する特段の規定はありません。したがって、定款の規定によることとなります。本事例では、一昨年の総代会で選出した役員と、昨年選出した役員とで任期満了の時点が異なるか否か、異なる場合にどのような措置が必要か、という点が問題となっています。

　昨年選出した役員が、一昨年選出した役員の辞任等に伴って、その後任者として選出されている場合には、模範定款例（第23条第2項）のように補欠役員の任期を前任者の残任期間と定めていれば、任期満了の時期は一昨年選出した役員と同様、今年の通常総代会の終了時点ということになります。

　しかし、本事例は、増員であり、辞任等による後任者ではありません。この場合には「前任者」にあたる役員がいないので、補欠役員の任期に関する規定を適用することはできません。このため、模範定款例（第23条第1項）の＊年という規定がそのまま適用されることとなり、昨年選出した役員の任期満了の時期は、一昨年選出の役員とずれてしまいます。定款に記載されている事項を、総代会の議決だけで変更することはできません。したがって、このずれを解消する方法としては、昨年選出した役員に自発的に辞任していただく他はありません。

[役員任期]

　なお、補充役員の任期については、「組合の実情に応じて『補充した総代会の日において現に在任する役員の任期が終了ときまで』と規定する」こともできます（模範定款例第23条（注2））。定款にこのように規定すれば、補欠役員、増員役員とも、他の役員と同時に任期満了となり、上記のような問題は生じなくなります。

> **知っ得メモ No.31** 通常総代会を打ち切り又は続行した場合の役員の任期
>
> 　通常総代会を打ち切った場合、後日開催される総代会は別個の臨時総代会として招集されますので、この通常総代会終了のときに任期が満了します。
>
> 　通常総代会を続行した場合、継続会は先行する通常総代会と同一の会議体となるため、「通常総代会の終了のとき」は継続会の終了のときを指すことになり、継続会終了のときをもって任期が満了となります。
>
> 　なお、継続会も含めこの通常総代会で新役員が選出されていれば、現任の役員の任期満了と同時に新役員が就任します。新役員が選出されなかった場合は、現任の役員の任期は満了しますが、役員のいない状態となり欠員を生じます。この場合は、新役員が選出され就任するまでの間は、現任の役員が全員、役員としての権利義務を有し、生協の運営に責任を持つことになります（生協法第30条の2第1項）。

[役員選挙]

5-5

役員選挙の際の選挙運動を
選挙公報への掲載だけに限定できるか

> 役員改選で、地方区で候補者が定数を超えて投票が必要になる見通しである。選挙運動は選挙公報への掲載だけに限定したいが、そのような制限は可能か。役員選挙規約では総代会当日に発言の機会を保障する旨の規定しかない。

　規約に規定がない以上、選挙運動を選挙公報への掲載に留めるという制限を強制的に加えることは適切ではありません。そのような制限を設ける場合には、候補者の同意による紳士協定的な申合せとして行うことが必要です。

　選挙方式を選択した場合、選挙の手続きに関し、生協法は「総(代)会で選挙」（第28条第1項）、「無記名投票」（同第7項）、「一人一票制」（同第8項）の3点を定めているだけで、他は「定款の定めるところ」に委任しています（同第1項）。また、定款（模範定款例では第21条第1項）では、選挙手続を規約に委ねているのが通例であり、当該生協でも同様です。したがって、選挙活動について何らかの規定を設ける場合には規約に明記するのが適切です。

　本事例では、規約に選挙運動に関する規定を設けられていない場合に選挙運動を制限することが可能か、その場合の考え方はどのようなものかが問題となります。

　選挙にあたっては、選挙権を持つ者に候補者に係る情報を提供し、どの候補者を指名するかの判断を保障する必要があります。候補者に対しても、選挙権を持つ者に対して自己の主張をアピールする機会が何らかの形で保障されることが必要です。他方、社会通念上、または生協運営

[役員選挙]

の実情に照らして、妥当と認められる範囲を逸脱した選挙運動が行われることにより、選挙権者の私的利益を害したり、不公正な選挙につながるおそれもあります。したがって、規約に選挙運動の制限に関する規定が設けられていない場合でも、社会通念上、または生協運営の実情に照らして妥当と認められる範囲に選挙運動を制限することは可能と考えられます。しかし、一切の選挙運動を禁止することは運用の範囲を逸脱し、法的に問題を生ずるおそれがあります。

役員選挙規約に該当する規定がないときに、選挙運動を選挙公報への掲載に留めるという制限を強制的に加えることは、法的に問題を生ずるおそれがあり、適切ではありません。そのような制限を設ける場合には、候補者の同意による紳士協定的な申合せとして行うことが必要です。

> **知っ得メモ No.32　規約における選挙運動ルールの規定**
>
> 役員選挙規約における選挙運動ルールに関する規定は、違反行為を具体的に定める方法でも、特に定めないで、ただ「選挙管理委員会の指示に従ってください」とする方法でも問題ありません。むしろ、選挙管理委員会が選挙運動を規制できる根拠が存在していることに意義がありますので、具体的にルールを定めるかどうかは、各生協の置かれた状況等に応じて判断すればよいと考えられます。
>
> 具体的にこれまでも特に問題となっている事例はなく、特段の心配等はないということであれば、明文化したルールは定めないで、「問題がありそうだという場合には選挙管理委員会が判断しますので従ってください」、「その指示に従った上での選挙結果に異議があれば異議の申立もできます」（具体的な規定例は日本生協連『役員選挙規約例』第14条を参照）ということでも問題ありません。
>
> なお、役員選挙方式を採用していた時期の日本生協連は、特に選挙運動に関する規定は定めないで、役員選挙の公告にあたり、「立候補者が選挙運動を行うにあたっては、社会的常識に従い公正に行うよう留意されたい」としていました。

[役員選挙]

5-6

役員選挙の立候補受付期間を総代会当日までとする必要があるか

> 役員選挙規約には特段の規定がないが、立候補受付の締切日を総代会当日とする必要があるか。

　規約に特段の規定がない限り、総代会当日を立候補受付の締切日としなければならないということはありません。むしろ、各種手続を考えると、立候補受付の締切日を総代会当日とするのは無理があります。

　役員選出に選挙方式を採用している場合は、各組合員に被選挙権を保障する必要があります。ただし、役員選挙の手続は定款に委任されているため（生協法第28条第1項）、法の定める「選挙」の方法（「総代会で選出」「無記名投票」「一人一票制」）に反したり、組合員の被選挙権を不当に害したりしない限り、選挙手続の詳細は各生協それぞれの実情に即して判断し、定めればよいものです。

　立候補受付期間の設定は役員選挙手続の一部であり、その期間が不相当に短いなど、組合員の被選挙権を不当に害するものでない限り、各生協で自由に決めることができます。したがって、定款、規約等に特段の定めがない限り、総代会当日を立候補受付の締切日としなければならないということはありません。

　他方、定款に定めて書面による議決権、選挙権の行使を認めている場合は、総代会招集通知には、議題として「役員選挙の件」をあげておくだけでなく、候補者名簿を添付する必要があります。また、候補者名簿を含め総代会配布資料は監事の事前調査を受ける必要がありますので、これらの手続を考えると、立候補受付の締切日を総代会当日とするのは無理があります。

[役員選挙]

> **知っ得メモ No.33** 役員選挙での組合員以外の者の立候補
>
> 　生協は組合員によって構成され、組合員が出資し、利用し、運営する自治的な組織であり、議決権や選挙権をはじめ生協運営に参与する法的な権利は組合員がもっています。役員選挙は、生協法人との委任契約に基づき、生協の業務執行や監査を委託される役員を選出するものですから、役員選挙で自らの意思によって候補者になる権利が認められるのは、運営参与権を有する組合員に限られると考えることが適切です。また、組合員以外の者（組合員の家族を含む）に対して自ら役員の候補者となる権利を認めると、誰でも役員の候補者になれることになり、生協の運営を撹乱する意図をもって組合員以外の者が役員の候補者になる途を開くことになってしまうため、適切ではありません。このような考え方から、選挙制をとる生協では、役員選挙規約に立候補は組合員だけに認めることを明記し、組合員以外の者（組合員の家族を含む）が、本人の意思だけで候補者となることはできないようにするのが通例です。

[役員選任]

5-7

役員選任制を採用した場合、立候補する権利はどうなるか

> 役員選任制を採用した場合、立候補する権利はどうなるのか。役員の被選挙権などについて特段の規定はあるのか。

　役員選任制では被選挙権はないので、厳密な意味での立候補はできませんが、候補者選定プロセスに立候補類似の「申出」制度を組み込むことは可能です。

　役員選任制は、役員の選出にあたり、役員（理事・監事とも）候補者を一括した名簿によって理事会から総（代）会に提案し、一括で賛否を問い議決する制度です。これは、理事会における適正・迅速な意思決定や、監事の理事会等に対する牽制機能の発揮等の役割を十分に果たすことができるよう、理事会や監事の構成を充実する必要があるという観点を踏まえて、採用できることになったものです。

　選任議案の議決は選挙ではないので、選挙制における被選挙権のような権利はありません。ただし、選任制の下でも、自ら役員となろうと考える組合員の意向を反映させる仕組みとして、「地区（ブロック）」における候補者選定プロセスに立候補類似の「申出」制度を組み込むことは可能です。例えば、各地区（ブロック）での候補者推薦機関での検討に先立って、役員候補者になることを希望する組合員はその旨を申し出ることができ、推薦機関は申し出た組合員の中から、あるいは申し出を尊重して、候補者を推薦するというような仕組みです。

　ただし、選挙制の場合は立候補した組合員が、周囲の意向等とは無関係に、総（代）会での選挙に候補として残る権利がありますが、選任制の場合にはそのような権利はありません。その意味で、選任制における「申出」制度は、選挙方式における立候補制とは異なります。

[役員選任]

> **知っ得メモ　No.34**　役員選任制の具体的な制度設計
>
> 　役員選任制のもとでの候補者の選定方法については、特に法律上の定めはありませんので、定款・規約の定め方に様々な工夫の余地があります。それぞれの生協の実情に応じて、生協運営に求められるバランスのとれた役員選出を図る方法として、例えば、次のような方策が考えられます。
>
> 　大きく「全体区分」と「地方区分」に分け、「全体区分」を有識者や常勤にふさわしい人とし、「地方区分」は組合員からとした上で幾つかの「地区」に細分化し、また、前記のように厳密な意味での立候補制ではありませんが、「地区」の候補者選定プロセスに立候補類似の「申出」制度を組み込むことも可能です。
>
> 　さらに、生協全体として役員候補者の適切な選出を確保するため、理事会に付属して、役員候補者の推薦機関を設置することも考えられます。その場合には、理事会が総（代）会へ選任議案を提出するに際し、この役員推薦機関の意思を尊重することが大切です。
>
> 　なお、この役員推薦機関が監事候補者を推薦すること自体は問題ありませんが、それがそのまま役員選任議案に反映されるとは限りません。生協法は、監事選任議案には監事の過半数の同意を得ることを義務付ける（準用会社法第343条第1項）とともに、総（代）会への選任議案提出を理事に請求する権利（同第343条第2項）と監事の選任・解任・辞任についての総（代）会での意見陳述権（同第345条第1項）を明記しています。
>
> 　したがって、理事会は、理事候補に関しては推薦を尊重して役員選任議案に反映させるべき立場ですが、監事候補に関しては単純に役員選任議案に反映させるだけというわけにはいきません。まず推薦された内容を監事側に提示し、監事側は候補者の監事としての適格性を審議し、同意の可否を理事会に回答することになります。重要な案件なので文書で回答するのが適切です。同意が得られなければ、推薦機関に再検討を求め、あらためて推薦しなおすことが必要となります。

[役員欠員]

5-8

任期途中に理事が辞任し、定数を欠いたまま運営してきたが、問題はあるか

> 定款に定める理事定数は30〜35名で、30名を選任し、翌年の通常総代会までに2名辞任し、現在も28名のままで、28名で理事会を運営している。このような運営に法的な問題はあるか。

　辞任した理事を「役員としての権利義務を有する者」として扱っていない点に、法的な問題があります。

　役員の定数は定款の記載事項となっていますが（生協法第26条第1項第13号）、定款は生協運営の基本を定めたものなので、定款に定めた役員定数を下回る状況を生じた場合には、補充することが求められます。
　また、「理事又は監事のうち、その定数の5分の1を超えるものが欠けたときは、3月以内にこれを補充しなければならない」と定められています（第29条）。この規定は、理事又は監事が定数を欠いた場合は補充義務があることを前提とした上で、定数の5分の1を超える欠員の場合にだけ3ヶ月以内の補充を義務づけ、それに至らない場合には補充の時期を選択できることを意味しています。これは、欠員の状況によっては必ずしも即座に補充する必要が無い場合も考えられるため、欠員が生じたら必ず一定期間内に補充を義務づけ、臨時総代会の開催を要求すると運営の柔軟性を欠くことになるという趣旨に基づくものと解されます。したがって、定数の5分の1以内の欠員の場合には、特に補充の時期を指定せず、各生協の実情に応じて補充することで足りるとしたものといえます。
　なお、ここでいう「定数」は、定款に定める定数を指し、定款に幅を設けて定めている場合は基準となる定数は下限の数と解されています（模範定款例第22条「解説」）。本事例では、30名が第29条の基準とな

[役員欠員]

る定数となり、28名に減少したので、2名の欠員があります。欠員の比率は5分の1未満なので、期限付きの補充義務はありませんが、欠員が発生した後に通常総代会という補充選出の機会があったのであれば、そこで補充をしておくのが適切であったと考えられます。

　また、役員が定数を欠く場合には、「任期の満了又は辞任によって退任した役員は、新たに選任された役員が就任するまで、なお役員としての権利義務を有する」と規定されており（法第30条の2第1項）、模範定款例（第23条第4項）も同様に規定しています。定款に定めた定員数を下回り、しかも後任者が就任していない以上、任期途中で退任した元理事は、未だに理事としての権利義務を有する立場にあります。したがって、補充されるまでの間は引き続いて理事会招集通知を送らなければなりませんし、議事録についても同等の扱いを行い、出席（欠席）した場合は「なお権利義務を有する者」として出席者（欠席者）として記載します。また、理事会の成立要件は定款の規定どおり「議決に加わることができる理事の過半数の出席」となりますので、辞任した理事も「議決に加わることができる理事」に加えることが適切です。

　しかし、当該生協では、2名の元理事の辞任後、現存する理事のみで業務執行を行ってきており、当該元理事に対して理事会の招集通知等を行っていません。このことは理事会運営に係る手続の瑕疵となります。辞任された元理事は一度も参加に関する意思を示しておられず、この2人ぬきで円滑に運営されつづけてきているので、「その取締役が出席してもなお決議の結果に影響がないと認めるべき特段の事情があるときは、右の瑕疵は決議の効力に影響がないものとして、決議は有効になると解するのが相当である」（最高裁昭和44年12月2日判決）という考えから、議決は無効とはされないと考えられます。とはいえ、本来は理事会決議の無効原因となるものであるため、法的には問題があります。

　なお、定款に一定の幅を設けて理事定数を定めているにもかかわらずその最低限の数の理事を選任することは、常に本事例のような問題を発

生させる余地を残しますので、適切とは言えません。定款に定める理事定数を変更するか、選任する理事の数を変更するか、いずれかの方法によって、若干名の辞任では定款に定める定数を欠くような状態には陥らないようにするのが適切です。

> **知っ得メモ No.35** 役員の死亡と権利義務延長規定との関係
>
> 　生協と役員の関係は、委任に関する規定が適用されますが、委任契約が終了した場合でも、急迫の事情があれば、受任者は委任者が委任事務を処理することができるようになるまで、必要な処分をする義務があるとされています（民法第654条）。「役員に欠員を生じた場合の措置」（法第30条の2）は、この規定の趣旨を踏まえて定められたものですが、この規定が適用されるのは辞任・任期満了による場合に限っており、解任や役員が欠格事由に該当するに至った場合、この規定は適用されません。民法（第653条）は委任終了事由として、委任者又は受任者の死亡、委任者又は受任者が破産手続開始の決定を受けたこと、受任者が後見開始の審判を受けたことの3点を挙げています。これによる退任の場合にも、法第30条の2の規定は適用されません。
>
> 　したがって、役員が死亡した場合は、役員としての権利義務を有する者は生じないため、欠員と扱う他ありません。

[役員報酬]

5-9

役員報酬をなぜ総代会で決めなければならないか

> 役員報酬を総代会で決めなければならない理由は何か。

　支給の根拠の明確化、理事会で自分達の報酬を決するのは不適、監事の独立性確保の必要性、を理由に会社法を準用して法定しています。

　生協と役員との関係は、委任に関する規定に従うこととなっています（生協法第29条の2）。役員報酬は役員の職務の対価ですが、受任者は特約がなければ委任者に対して報酬を請求することができません（民法第648条第1項）。したがって、役員報酬支給のためには、生協は役員に報酬を支払う旨の意思決定を行う必要があります。

　このため、生協法（第30条の3第3項）は、会社法第361条、第387条を準用し、総(代)会における議決を役員報酬支給の条件としています。この会社法の規定の基本は、①.会社と役員との関係は委任契約であり、民法上委任契約は本来無償なので、特別の定めがあってはじめて支給できる、②.会社役員がお手盛りで役員報酬を勝手に決めた場合には株主の権利侵害のおそれがある、③.監査役の独立性を確保するために取締役と監査役の報酬は別々に決議する、の3点といわれています。

　生協法でも、i.支給を可能にする根拠を明確にする、ii.自らの報酬を決定する権限を理事に与えない（理事会決定としない）、iii.監事の独立性を確保するために、総(代)会で決定するよう、会社法を準用して定めています。

　以上から、役員報酬の決定にあたっては、理事分と監事分について、それぞれ総(代)会で議決を得なければなりません。監事の報酬と理事の報酬を区分しないで議決すると、報酬総額の配分に際し理事会によって監事の報酬が恣意的に決められ、監事の独立性が害されるおそれがあります。

[役員報酬]

　なお、役員報酬の個々の役員への配分に関して、生協法は、監事については監事の協議によって決定すると定めています（準用会社法第387条第2項）。一方、理事に関する規定は会社法にも特にありません。また、代表取締役（代表理事）による配分の決定も学説によっては否定されていません。こうしたことから、役員報酬の各理事、各監事への配分は、理事分については理事会決定、監事分については監事の協議に一任とするのが一般的です。

知っ得メモ　No.36　役員退任慰労金支給の理事会一任議決

　役員退任慰労金も役員に対する報酬の一つなので、それを支給する場合には、その都度総（代）会の議決を得る必要があります。

　役員退任慰労金の支給に際しては、原則として額を総（代）会で決定する必要がありますが、役員退任慰労金に関する規程が存在し、しかもその内容を組合員が知ることができるようになっている場合には、「規程に基づき支給することを理事会に一任する」旨の議決の上、その規程に基づいて計算された金額を支給しても差し支えないとされています。

[役員責任]

5-10

役員の生協に対する法的責任とは具体的にどのようなものか

> 役員の生協に対する法的責任とは具体的にどのようなことを指すのか。また、総代会の特別決議による責任の軽減は、どのような場合に行えるのか。

　役員が生協に対して損害賠償を負うのは、任務を怠り、それによって生協に損害が生じた場合です。任務を怠った場合とは、役員という立場にある者に一般的に求められる善管注意義務や忠実義務に反した場合です。

　改正生協法は、役員の責任を明文化して定め（第31条の3、第31条の4）、また、総（代）会の特別議決による生協に対する責任の軽減制度を導入しました（第31条の3第4項）。

　役員が生協に対して損害賠償を負うのは、任務を怠り、それによって生協に損害が生じた場合です。任務を怠った場合とは、役員という立場にある者に一般的に求められる善管注意義務や忠実義務に反した場合です。役員の法的責任は結果責任ではなく、その結果にいたる過程で善管注意義務や忠実義務が尽されたか否かによって判断されます。この「任務を怠ってなされた行為」が理事会の議決に基づく場合には、議決に賛成した理事はその行為をしたものとみなされます。なお、任務を怠った場合でも、そのことによる生協の損害がなければ法的責任は生じません。

　責任の範囲や程度は、善管注意義務や忠実義務がどのように尽されたかを個別・具体的に判断されて決まります。責任を負うべき役員が複数いる場合、それらの役員の損害賠償責任は連帯責任となり、生協はその誰に対しても損害賠償請求ができます。なお、連帯して損害賠償責任を負うのは、あくまでも責任を負うべき役員で、全役員ではありません。

[役員責任]

　役員の生協に対する責任は、原則として全組合員の同意がなければ免除できませんが（同第3項）、総(代)会の特別決議によって責任を軽減（一部免除）できる制度が導入されました（同第4項）。この制度で責任を軽減できるのは、「職務を行うにつき善意で重大な過失がないとき」に限られます。責任の原因となる行為が故意に（わざと）行われた場合や、重過失により行われた場合（注意義務違反の程度がひどい場合）には、この制度による責任の軽減はできません。

　また、軽減後の損害賠償額の下限が、報酬額との関係で法定されました（同第4項、法施行規則第62条）。無報酬の非常勤役員の場合は基礎となる金額がないためゼロまで軽減できるという計算になります。

　総(代)会の特別議決を得るには、提案にあたって「責任の原因となった行為」、「本来損害賠償責任を負うべき金額」、「軽減できる額の最大値とその計算の根拠」、「責任を軽減する理由と提案する軽減額」を明らかにするよう求めています（同第5項）。さらに、理事の責任軽減の場合には、全ての監事の同意を得なければなりません（同第6項）。これは、理事による「お手盛り」的な責任軽減議案の提案を避ける趣旨と考えられます。

　なお、役員の善管注意義務、忠実義務の履行状況の判断は、いわゆる「経営判断の原則」が参考とされ、日本監査役協会「監査役監査基準」ではこれを以下の5つの観点に整理しています。

①．事実認識に重要且つ不注意な誤りがないこと
②．意思決定過程が合理的であること
③．意思決定内容が法令または定款に違反していないこと
④．意思決定内容が通常の企業経営者として明らかに不合理でないこと
⑤．意思決定が取締役の利益又は第三者の利益ではなく会社の利益を第一に考えてなされること

[役員責任]

> **知っ得メモ No.37** 役員の第三者に対する法的責任
>
> 　役員の法的責任には、前記の「生協に対する責任」とともに「第三者に対する責任」もあります。
>
> 　役員の第三者に対する責任は、役員の生協に対する責任と同様、改正前は法に明文の規定がなく、民法第709条の不法行為責任に関する規定に基づいて損害賠償責任の解釈がなされてきましたが、改正後は、会社法や他の協同組合法と同様の規定が設けられ、従来解釈によって適用されてきた内容が明文化されました。
>
> 　生協法（第31条の4第1項）では、「職務を行うについて悪意または重大な過失があったとき」に、その行為が原因で第三者に損害を生じた場合に、損害賠償責任を負うとしています。
>
> 　責任を負うべき者については、生協に対する責任と同様に、個人別に悪意・重過失があったかどうかが検討され、その結果によって損害賠償責任が決まります。同条第2項は、決算書類の虚偽記載や虚偽の登記・公告（理事）、監査報告の重要な記載事項に関する虚偽記載（監事）があった場合、注意を怠らなかった（＝過失がなかった）ことを理事・監事が証明しない限り、そのことによって生じた第三者の損害に対して賠償責任を負うとしています。この場合は軽過失でも責任を負う点、故意・過失に関する証明責任を理事・監事側に転換している点に留意が必要です。
>
> 　なお、第三者に対する責任の免除・軽減は相手方である第三者が決めることなので、役員の生協への責任（第31条の3）のように生協側の手続により免除・軽減することはできません。

[役員終任]

5-11

任期途中の理事の辞任届を理事会で了承しないことができるか

> 任期の途中で理事が辞任を申し入れてきた場合、理事会でこれを了承しないという扱いは可能か。辞任した後、直近の総代会において報告する必要はあるか。

　理事会が理事の辞任を了承しないと決定することは、法的には意味がありません。辞任については通常総代会で報告することが必要です。

　理事と生協との関係は、委任の規定に従います（生協法第29条の2）。委任は各当事者の一方的な意思表示によっていつでも解除することができます（民法第651条第1項）。生協側からの一方的な契約解除である解任には定めがありますが（生協法第33条）、理事からの一方的な契約解除である辞任には生協法に特段の規定がありません。したがって、民法に定める委任契約の原則に則り、理事はいつでも一方的な意思表示により辞任することができます。

　また、辞任の意思表示が到達した時点で辞任は成立しており、理事会が辞任の申し出に対して承認を拒んでも、何ら法的効果はありません。なお、この意思表示は口頭でも法的には有効ですが、実践的には辞任届を出してもらい、権利義務、責任を明らかにするのが適切です。

　なお、前回通常総（代）会以降に退任した役員がある場合にはその氏名が事業報告書の記載事項とされていますので（法施行規則第123条第2号及び第125条第3号ニ）、役員の辞任は通常総代会で報告する必要があります。

[役員終任]

> **知っ得メモ No.38** 役員の解任(総代会制の場合)
>
> 　役員の解任には総代会の議決が必要です。
> 　総代会における役員解任は、法第33条に定められており、総総代の5分の1以上の連署をもって解任理由を記載した書面を提出すると役員の解任を議題とする総代会の開催請求ができ、その総代会で出席者の過半数の同意があればその役員は解任されます。
> 　役員解任請求が提出された場合には、総代会の会日から10日前までに当該役員に請求書面を送付し、総代会における弁明の機会を与えなければならないこととされています。このような手続は、当該役員に対して準備の期間を与えた上で、総代会当日に解任の可否に関して議決権を行使する総代に対して、本人から弁明する機会を付与し、「一方の偏見に基づく解任を回避し、又は解任の結果を公正に」(厚生省社会局生活課監修『消費生活協同組合法逐条解説』P125)することを目的とするものと解されます。

[理事会関連]

5-12

理事会招集の際に議案書を事前に送付しなければならないか

> 理事会の招集は1週間前までに通知を発してしなければならないと定款で定めているが、その通知には議題を掲載すれば良いのか、それとも議案まで送付する必要があるのか。

　できる限り事前に議題及び議案を示すことが望ましいのですが、招集手続として議題や議案を事前に示すことが求められているわけではありません。

　理事会の招集手続は、「理事会の日の一週間前までに、各理事及び監事に対してその通知を発し」なければなりません（準用会社法第368条第1項）。ただし、機動的に状況変化等に対応するのも理事会の役割であり、全理事、全監事の同意があれば、招集の手続なしに開催することができます（同第2項）。

　理事会は生協の業務執行に関する重要事項を決定するとともに、理事長や専務理事等による業務執行の状況を監視する重要な機関です。したがって、その能力・識見等から選出されている各理事・監事の準備を促すために事前に議題を通知するとともに、議案を送付することが望まれます。

　しかし、理事会は突発的な状況変化への対応のために当日議題を追加したり、機動的に理事会を開催することが求められる場合も多く、事前の議題や議案の通知を義務づけると運営に支障を生ずるおそれがあります。法令にもこの点について一切の規定はなく、模範定款例第32条や各生協の定款も理事会の招集にあたって議題や議案の提示についてふれていないのは、このような理事会の性格によるものと考えられます。

　したがって、理事会の開催にあたっては、できる限り事前に議題や議案を提示することが望ましいものの、議題や議案の事前提示が義務づけ

[理事会関連]

られているわけではないと解されます。

　なお、理事会の招集にあたって議題を示した場合、欠席理事の権利保障との関係で、理事会当日の議題の追加は招集通知から一般的に予測できる範囲内で行うことが必要になります。そのため、議題に「その他」を必ず掲げておき、急にとりあげるべき議題が生じたときには「その他」としてとりあげることができるようにしておくことが、実務上は適切です。

> **知っ得メモ No.39** 「理事会の議決の省略」（みなし理事会）の要件
>
> 　「理事会の議決の省略」（みなし理事会）は、①．この議決方法を行うことができることがあらかじめ定款に定めてあり、②．提案事項に対してどの理事からも同意の意思表示があり、③．どの監事からも異議がないという要件を満たした場合に、実施することができます。
>
> 　手続きとしては、まず、理事長から全理事・監事に対し、付議事項、提案内容、提案者を記載した「定款第〇条（模範定款例では第34条第3項）による理事会の決議の省略に関するご案内」を送付します。そして、全ての理事から同意の文書を、全ての監事から異議がない旨の通知書を送ってもらい、理事・監事全員から同意書、通知書が送付された段階で、理事会の議決があったものとみなされます。
>
> 　なお、理事全員から同意書が到達した日を理事会の議決があった日とみなして、理事会議事録を作成します。

[理事会関連]

5-13

議長を除くと定足数に満たない理事会でなされた議決は有効か

> 生協法は、議決に加わることができる理事の過半数の出席を議決の要件としている。理事数は17名であり、9名の出席で定足数は満たすが、議長を除くと8人になり過半数に満たない。この場合、議決を有効に行うことができるか。

議決は有効に行うことができます。

　生協法(第30条の5第1項)は、「理事会の決議は、議決に加わることができる理事の過半数が出席し」と規定しています。また、「前項の決議について特別の利害関係を有する理事は、議決に加わることができない」(同第2項)としていますが、これ以外に議決に加われない理事についての規定はありません。

　したがって、議決に加われない理事は、特別利害関係理事だけであり、この他の理事には、議長も含め、議決権があります。なお、特別利害関係理事は、その議題について議長にはなれません。総(代)会では議長が議決に加わる権利を有しない(第41条第3項)とされており、旧模範定款例では理事会も同様な扱いを定めていましたが、法改正により、理事会では議長も議決に加わることになりました。

　このため、本事例では、議決に加わることができる理事数17名中9名の出席ということになり、過半数の出席があるので、有効に議決をすることができます。

[理事会関連]

> **知っ得メモ No.40　理事会での議決権の代理行使**
>
> 　総(代)会では、書面や代理人による議決権の行使が定められている（生協法第17条）のに対し、法令には理事会における書面や代理人による議決権行使の規定はありません。また、模範定款例でも、書面や代理人による議決権行使の規定はありません。これは、理事会の議事は個々の理事の識見や能力に基づく意見による議論が尽くされることが重要であり、理事本人の出席を前提としているためです。
>
> 　したがって、理事会への書面や代理人による出席や議決権の行使を認めることはできないと解されます。

[理事会関連]

5-14

役付理事の互選を総代会の翌月の理事会で行っても問題はないか

> 通常総代会で役員改選を行った場合、今までは総代会の途中で第1回理事会を開催して理事長、専務理事などを互選していた。これをやめて、理事長、専務理事などの互選を翌月の理事会で行うことにしたが、法的に問題はあるか。

従来の方式も、変更後の方式もいずれも法的に問題があります。

理事長、専務理事等の役付け理事は法定されたものではありませんが、各生協は定款（模範定款例では第30条）で規定を設けて設置しているのが通例です。さらに、その上で日常業務の範囲に属する事項については理事長、専務理事等の決裁権限を内部諸規程により定めています。したがって、日常業務を執行する上で、役員改選の行われた後、すみやかに理事長、専務理事、常務理事などを理事会で互選することが必要となり、これを行わない場合には、日常業務の執行における決裁権限の根拠に疑義が生ずることになります。

他方、役員の任期満了時期に関し、模範定款例（第23条第3項）は「満了のとき…の属する事業年度の通常総代会…の終了のときまでとする」と定め、当該生協の定款でもこれと同様の規定を設けています。任期満了に伴う役員選出を通常総代会で行った場合、その通常総代会が終了するまでは依然として旧役員が在任していることになりますので、通常総代会の途中で新任理事による理事会を開催することは制度的に不可能ということになります。

したがって、当該生協の役員改選後の理事会開催方法は、従来の方式は新役員による正式な理事会とは認められないという意味で、変更後の方式は長期にわたって理事長、専務理事等が正式に決定されないことに

[理事会関連]

なるという意味で、それぞれ法的に問題があります。

　役付け理事とは若干性格が異なりますが、理事会による代表理事の選定は法定事項（第30条の9）であり、登記事項（第74条第2項第5号）でもあります。役員改選が行われた総代会後、早急に選定し登記手続きをする必要があります。総代会終了直後に理事会を開催し、代表理事を選定するとともに、役付理事の選任を行うのが適切です。なお、総代会として議決しなければならない議案を終了した段階で総代会としては終了とし、第1回理事会を開催して代表理事の選定、役付き理事の選任を行い、会場で新しい代表理事、役付理事の紹介を行うという進め方がよく見られます。

> **知っ得メモ　No.41　総代会直後の理事会招集通知**
>
> 　役員改選が行われる総代会の直後の理事会は、1週間前には誰が新しい役員になるかが確定していないため、開催通知を送付することが出来ません。しかし、総代会終了後、全役員が揃っている場で理事会を開催することに合意すれば、事前の開催通知なしで理事会を開催することができます。なお、本人の都合で、選出されてもその総代会に出席できない役員候補者がいる場合は、事前に総代会終了後には理事会を開催する旨をお知らせし、開催することの同意をとっておくことが必要です。

[理事会関連]

5-15

子会社等との取引は自己取引に該当するか

> 子会社等との取引は、生協法第31条の2に定める自己取引に該当するか。

　該当する場合としない場合があります。子会社等との取引は、それが理事会議案となった場合には、特別利害関係理事に該当することについても留意が必要です。

　生協法第31条の2は理事の自己契約等について規定し、同条第1項で「理事が自己又は第三者のために組合と取引をしようとするとき」と「理事以外の者との間において組合と当該理事との利益が相反する取引をしようとするとき」を自己取引・利益相反取引と定めています。したがって、子会社等との取引は、理事が子会社等の代理人として生協と取引する場合、理事が子会社等を代表して生協と取引する場合、理事が代表取締役を務める子会社等の債務を生協が保証する場合などは、自己取引・利益相反取引に該当しますので、事前に取引に関する重要な事実を開示して理事会の承認を得る必要があり、その結果についても速やかに理事会に報告する必要があります。

　しかし、このような場合でも、生協が一方的に利益を受けるケースや子会社等が生協と一体であるケース（100％出資の子会社）、理事による生協事業の利用などの定型的取引であるケースは、実質的な利害対立がありませんので、自己取引・利益相反取引には該当しません。

　一方、生協法第30条の5第2項では、特別の利害関係を有する理事は、該当する議決に加わることができないことを規定しています。したがって、子会社等との取引について理事会に諮る場合には、上記の自己取引・利益相反取引に該当する場合の当該理事はもちろん、他の理事が当

[理事会関連]

該子会社等の取締役などを兼ねている場合には、当該他の理事も特別利害関係理事となります。特別利害関係理事は、当該議案に関しては議長になれず、議決にも加わることはできず、定足数の算定上、出席者にも理事総数にも加えませんので、それらについて留意が必要です。

なお、総代会に提出する事業報告書及び決算関係書類には、上記に関わる自己取引・利益相反取引、特別の利害関係（関連当事者との取引）についてそれぞれ必要な記載を行わなければなりません。

> **知っ得メモ　No.42　自己取引・利益相反取引の類型**
>
> 　生協法に定められた自己取引・利益相反取引には、前記のように、理事が自己又は第三者のために生協と取引（契約）する「直接取引」と、生協が第三者と行う取引（契約）で生協と理事との利益が相反する「間接取引」があります（生協法第31条の2）。
> 　「直接取引」は、理事個人が生協と取引する場合、理事が第三者の代理人として生協と取引する場合、理事が他の法人を代表して取引する場合、が該当します。
> 　「間接取引」とは、「組合が理事の債務を保証することその他理事以外の者との間において組合と当該理事との利益が相反する取引をしようとするとき」（同第2項）であり、その典型例として債務保証契約があげられます。
> 　例えば、理事が代表取締役を務める子会社の債務を生協が保証する場合、保証契約は生協と当該子会社の債権者が契約当事者であり、当該理事が代表する子会社は契約当事者ではありません。しかし、その契約によって当該子会社が利益を受けることになります。このような場合を「間接取引」といい、自己取引・利益相反取引の1類型となっています。

[理事会関連]

5-16

役員報酬の配分決議の際に特別利害関係理事の規定は適用されるか

> 模範定款例第34条第2項は「第1項の決議(注:理事会の議決)について特別の利害関係を有する理事は、その議決に加わる権利を有しない」と規定しており、当生協の定款でも同旨の規定がある。役員報酬については総代会で総額を決定しているが、その配分を理事会で議決する際にこの規定は適用されるか。

役員報酬の配分議決には、特別利害関係理事の規定は適用されません。

生協と役員との関係は、委任に関する規定に従う(生協法第29条の2)こととなっています。また、理事の忠実義務も法定され(第30条の3第1項)、模範定款例(第25条第1項)では、監事も含め役員の忠実義務を定めています。したがって、理事としての職務を遂行する上では専ら生協の利益に適う方向でその権限を行使しなければなりません。しかし、生協と理事との利害が相対立する関係にある議案を議決する場合、当事者である理事は生協にとってよりも自己にとって有利な表決をしがちであり、そのために理事会の議決の公正が阻まれることもあります。

特別利害関係理事に係る規定は、そうした事態を防止するために、生協と理事との関係に関連して議決をする場合に、当事者となる理事の議決権を排除したものです。したがって、「特別の利害関係を有する理事」という文言の解釈にあたっては、理事の生協に対する忠実義務を前提とした上で、なお理事が自己の利益を優先し生協にとって不利益となる方向で表決を行うおそれがあるか否かという点が、重要な判断基準となります。

理事会における役員報酬の配分議決は、総額が既に総代会議決で決定

[理事会関連]

しているため、理事会議決の内容によって生協の利益が損なわれることはないので、生協と理事との利害が相対立する関係にはなりません。

　なお、会社法第369条第2項には、「前項の決議(取締役会の決議を指す——筆者注)について特別の利害関係を有する取締役は、議決に加わることができない」という規定があり、生協の模範定款例と同様の趣旨が定められています。株式会社でも役員報酬は総額を株主総会で定めるのが一般的ですが、取締役会でその配分を議決する場合には特別利害関係の問題は生じないとされており(昭和29年11月22日名古屋高裁判決 東京弁護士会会社法部編『取締役会ガイドライン』P71)、生協でも特別利害関係の問題は生じないと考えられます。

> **知っ得メモ No.43　特別の利害関係の範囲**
>
> 　特別の利害関係は、理事が会社等の組織において影響力を行使できる立場にある場合と、個人として生協と取引等を行ったり、生協に建物等を貸与したりする場合の両方で成り立ちます。なお、会社等において影響力を及ぼせる立場については、会社等の業務執行に携わり忠実義務を負う取締役、執行役や役員に準ずる執行役員などを含み、執行権限を有せず忠実義務のない監査役を含まないとされています。このため、取引相手や競業者等の関係にある組織の取締役等は、代表権がない場合でも、特別利害関係に相当するとして取扱うことが適当です。

[理事会関連]

5-17

理事会議事録には、どの程度の内容まで記載しなければならないか

> 理事会議事録には、どの程度の内容まで記載しなければならないか。特に土地の売買の場合、これまでは理事会でも資料の回収等を行い、非公開を原則にしてきた。知られないですむ方がその後の業務を進める上でやりやすいケースも多いが、どこまで記述しなければならないか。

　理事会議決があった場合、提案内容について一定の把握ができる程度の内容と議決結果は記載しなければなりません。公開が不適切な部分は、開示にあたり墨塗り（マスキング）で対応します。

　理事会議事録に記載しなければならない事項は法定されています（施行規則第60条）。日時、場所、出席理事・監事の他、「議事の経過の要領とその結果」は必ず記載しなければなりません。また、通常以外の形で招集された場合はその旨、特別利害関係理事がいる場合はその氏名を記載します。さらに、以下の意見・発言があったときはその概要を記載します。

・理事の不正行為等に関する監事からの報告（準用会社法第382条）
・監事が必要と認めて述べた意見（準用会社法第383条第1項本文）
・理事の自己契約に関する取引後の重要事項報告（法第31条の2第3項）

　「議事の経過の要領とその結果」には、議決の結果と同時に、重要事項に関する提案内容について一定の把握ができる程度の記載が必要です。土地の売買であれば、少なくとも、土地の表示（場所）、地目（市街化区域、宅地等）、地積（面積）、売却先又は購入先、売買代金は必要

[理事会関連]

と考えられます。

　理事会の議案や議決の内容は、開示によって実務執行上の支障が起きる場合もありますので、その時点では公開できないという判断に立ち、議事録の開示の際に一定部分墨塗り（マスキング）をすることはあり得ます。その場合、請求者がこの対応に満足しなくて、再度請求等があれば、再審査や第三者による判断等、その生協のルールに基づいた対応が必要になります。ただし、債権者からの開示請求には、裁判所の許可が要件となっています。裁判所から開示すべきという判断がある場合は、墨塗り（マスキング）はできません。また、理事会議事録本文への記載を簡略にするため、「別紙資料参照」とか「議案書参照」と記載することはできますが、その場合、そこにあげられた別紙資料や議案書が議事録の附属資料という位置づけになり、これらも開示しなければならなくなりますので、注意が必要です。

> **知っ得メモ　No.44　理事会議事録への署名・記名押印**
>
> 　理事会の議事録が書面で作成されている場合、「出席した理事及び監事は、これに署名し、又は記名押印しなければならない」と法定されており（生協法第30条の5第3項）、署名か記名押印か、どちらかを必ずしなければなりません。
> 　一般に、自署により氏名を記すことを「署名」、自署以外の方法、つまりゴム印、ワードプロセッサー、タイプ等により氏名を記すことを「記名」と言います。

[理事会関連]

5-18

代表理事と理事長、専務理事等との関係をどう捉えるべきか

> 代表理事は1人だけか。代表理事＝理事長か。複数（例：理事長と専務理事）選出できるか。理事全員を代表理事に選定できるか。代表理事と理事長、専務理事等との関係はどう理解すべきか。

　代表理事は複数でも構いません。代表理事は法定されたものであり、理事長、専務理事等は業務執行上の必要から各生協の判断で定款に定めるものなので、相互の対応関係も各生協の判断です。なお、代表理事でない理事長は表見代表理事となり、その行為には原則として生協が責任を負わなければなりません。

　代表権は代表理事だけにあると定められていますが（生協法第30条の9第1項）、代表理事の人数に法令上の制限はありません。各生協の実情にあわせて複数名を選定することも可能で、複数の代表理事を選定するのがむしろ通例です。ただし、理事全員を代表理事として選定することはできません。

　理事長、専務理事等の役付理事は、代表理事とは異なり、設置が法定されているものではありません。しかし、実際の生協運営を円滑に行うには業務執行に統一と秩序を持たせる必要があり、理事間の役割や責任の分担関係を明確にすることが不可欠です。役員に関する規定は定款の記載事項であり（第26条第1項第13号）、各生協は、定款（模範定款例では第30条）に理事長、専務理事、常務理事等の役付理事の設置を定め、業務執行に関する権限と責任を体系化、明確化しているのが通例です。

　代表理事と役付理事は別の概念で、どのように関係づけるかは、各生協の判断です。理事長はほとんどの場合代表理事でもありますが、理事長だけを代表理事とすることも、理事長及び専務理事を代表理事にする

[理事会関連]

ことも、さらに他の理事を代表理事とすることも問題ありません。

　代表理事と役付理事の関係を定款に定める必要もありません。定款に特段の規定を設けない限り、代表理事と役付理事の関係を固定的にする必要はなく、具体的な人選、常勤・非常勤、その時期に生協が抱えている課題等に応じて、対応を変化させることもできます。しかし、「理事長」「副理事長」のような役職名を代表理事以外の理事に付した場合、相手方は代表権があるものと誤認して契約を結ぶことが起こりえます。そのため、「理事長」「副理事長」など社会通念上代表権がありそうに見える役職名を代表理事以外の理事につけた場合、その理事（＝表見代表理事）が行った行為には、代表権がないことを相手方が知らない限り、生協が責任を負わなければなりません（準用会社法第354条）。

知っ得メモ　No.45　代表理事の選定・登記

　代表理事の選定は理事会で行います（生協法第30条の9第1項）。また、「代表権を有する者の氏名、住所及び資格」は登記事項の一つであり、理事会で代表理事の選定を行った後、主たる事務所の所在地で2週間以内に登記を行います。なお、再任された場合も、あらためて登記が必要です。

[監事関連]

5-19

監事会設置は必要か、監事会と各監事の権限との関係はどうか

> 監事会は、設置した方が良いのか。その際、監事会と各監事の権限との関係についてどう考えたら良いか。定款上に規定する必要はあるか。

　監事会を設置するか否かは、各監事の独立の監査権を前提に、各生協の判断によりますが、法改正により、各監事の監査業務に対する補助的な会議体としての必要性が高まっています。また、監事集団としての統一的な意思形成の場という役割をあわせもたせることも考えられます。

　法改正に伴い監事の職務及び権限が大幅に強化されました。この結果、監事の力を有効に発揮するための仕組みが重要となってきています。

　監事は一人づつ監査権を持っていますが（生協法第30条の3）、大きな職務権限をしっかりと遂行していくためには、監事同士が協力し、情報交換や議論をし、問題意識や見解等を常に共有するための仕組みが必要です。また、代表理事との定期協議等、監事が共同で場を持つことが有用な局面も多々あります。これが監事会の基本機能であり、いわば各監事が監査業務を適正・円滑に行うための補助的な会議体として、必要性が高まっています。

　加えて、監事同士で総意を形成、確認し、監事全体として意思決定しなければならない事項も多くなっています。監事が総代会を招集する場合（第36条第2項）、理事との訴訟で監事が生協を代表する場合（準用会社法第386条）がこれにあたります。また、監査に関連して、監事監査規則の改廃（模範定款例第37条第12項）、会計監査人の解任（準用会社法第339条）、任意監査の場合は定款・規約に基づく公認会計士・監査法人の解任、役員選任方式の場合の監事候補についての同意（同第343条第1項）等もあります。したがって、監事集団としての統一的な

[監事関連]

意思を議決により決定する場としての監事会ということも考えられます。ただし、各監事には一人ひとり監査権限があり、この機能を持たせたとしても、監事会が各監事の行う監査権限の行使に対して制約を加えることはできません。

　監事会の機能としては、前者の機能のみを位置づけるか、後者の機能を含めて位置づけるかが問題となりますが、監事会に関する法令上の規定はないので、この点は各生協の自主的な判断によります。前者の機能だけを位置づける場合、監事会は「機関」ではなく単なる協議の場となります。したがって、多数決原理に基づく一定の議決方法により全体の意思決定をしていかなければならない理事会のような機関とは性格を異にすることになりますし、定款上の位置づけも必要ありません。

　これに対して、後者の機能をもあわせもつ場合は「機関」となります。この場合は、定款に位置づけることが適切です。もちろん、「監事会」を設置しないで、各監事の自主的な判断での監査を行い、必要になった時だけ集まってお互いの考えを確認しあい、全体の意向や賛否の構成等を明らかにするという仕組みでも法令上は問題ありません。

　なお、法改正により監事の機能が強化されているため、日本生協連が作成した『監事監査規則例』では、監事会を設置する方がより適当な生協が多いと考え、監事会の設置を定めています。

　定款や監事監査規則における監事会に関する規定の設け方には、前者の機能（補助的会議体）だけを位置づける場合と、後者の機能（議決機関）を含めて位置づける場合とでは異なるものとなります。『監事監査規則例』は前者の機能だけを位置づけた場合を想定しています。

[監事関連]

> **知っ得メモ No.46** 監事の理事会出席義務、監事の意見の議事録への記載
>
> 　監事の理事会出席は、法定された義務となりました。
>
> 　理事会で議決権を持つのはあくまでも理事だけですが、監事も、理事会に出席し、必要があると認めるときは意見を述べなければなりません（準用会社法第383条第1項）。法令や定款の規定、経営判断の原則に反する議決が行われそうになった場合には、その点を指摘する義務を負っています。理事会議事録にも、出席監事は署名又は記名押印し、議事録が適正に記載されているかどうかについて、理事とともに確認しなければなりません（第30条の5第3項）。
>
> 　監事による理事会での意見表明は、基本的には適法性の観点から行うものであり、妥当性の観点から監事が意見を述べるのは、著しく不当な場合に限定されています。理事会で経営に関する事項について議論するときに、監事が理事と同じような立場で経営判断について意見を述べるということになると、監事が理事会での判断に関して責任を問われかねず、かえって監事の独立性を損ねる結果になるおそれがあります。
>
> 　したがって、理事会議事録には「監事が必要と認めて述べた意見」を記載しなければならないことが定められていますが（法施行規則第60条第3項第5号ロ）、それは、生協の事業・経営・運営に関し、法令、定款・規約、総代会の決議等に反する点や著しく不当な点があり、是正が必要という判断から発せられた意見を簡潔に記載することを求めているものと思われます。単なる質問や決議の妥当性に関する意見などの記載は不要です。

第5章　役員等

5-19　監事会設置は必要か、監事会と各監事の権限との関係はどうか

[監事関連]

5-20

決算関係書類等の監査が早くできた場合、監査報告を早く提出してもよいか

> 実務として、決算関係書類等の監査が4週間未満で完了する場合もある。この場合、監査完了の時点で監査報告作成の協議を行う監事会を開催するが、その協議の結果作成する監査報告は、日付を4週間経過後にするという実務運用は可能か。当初の設定では4週間の末日に監事会を設定し、結果的に早く監査が終了する場合に監事の意思で監事会開催を早めてもかまわないか。

　監事の監査報告書の報告期限を4週間より短くすることはできませんが、監査が早く完了した場合、監事側の判断で早期に提出しても差し支えありません。

　生協法（第31条の7第5項）は、「決算関係書類等は、厚生労働省令（＝法施行規則第133条第1項、第2項）の定めるところにより、監事の監査を受けなければならない。」と定め、その省令で、監事の監査報告の理事への通知期限を、以下のように定めています。

第133条　特定監事は、次に掲げる日のいずれか遅い日までに、特定理事に対し、第131条第1項及び前条に規定する監査報告の内容を通知しなければならない。
　　一　決算関係書類及び事業報告書の全部を受領した日から4週間を経過した日
　　二　決算関係書類の附属明細書及び事業報告書の附属明細書を受領した日から1週間を経過した日
　　三　特定理事及び特定監事の間で合意により定めた日があるときは、その日
　2　決算関係書類及び事業報告書並びにこれらの附属明細書については、特定理事が前項の規定による監査報告の内容の通知を受けた日に、監事の監査を受けたものとする。

[監事関連]

3～5　　　（省略）

　各事業年度に係る決算関係書類等に関する監査報告書は、第133条第1項第1号～第3号までの「いずれか遅い日までに」内容を通知しなければならないという定めであり、監事側の判断でそれ以前に報告することは問題ありません。監査報告書の作成年月日は、特定理事が特定監事から監査報告の内容の通知を受けた日となります（第2項）。本事例の場合は、4週間後よりも早い日付となります。監査報告の作成と確認を行う監事会の開催はさらに以前となります。

　なお、4週間という監査期間が法令により定められているのは、十分な監査の実施や監事の独立性の確保が必要という趣旨なので、理事と監事の合意で監査報告の提出期限を定めることはできますが、合意は監査期間を短縮する方向ではなく、伸長する方向に定める場合だけ認められているものと解されます。

知っ得メモ　No.47　特定理事・特定監事

　「特定理事」とは、監事監査報告を監事側から受け取る等の窓口役を行う理事です。特に特定理事を定めていなければ、決算関係書類等の作成に係る業務を行った理事が特定理事となります。

　「特定監事」とは、決算関係書類の特定理事からの受領や、これに対する監査報告の特定理事への通知等を行う、窓口役の監事のことです。特に特定監事を定めていなければ、全監事が特定監事となります。

5−20　決算関係書類等の監査が早くできた場合、監査報告を早く提出してもよいか

[外部監査]

5-21

任意の外部監査を行う公認会計士の選任に、総代会議決は不可欠か

> これまでも任意で外部監査を受けてきたが、公認会計士監査規約を定め、これに基づいて選任したい。規約には、日本生協連作成の『公認会計士監査規約例』第4条第1項と同様に「監事の過半数の同意を得て、総代会において選任する」と定めなければいけないか。監事の協議で選任ではいけないか。

　法定されてはいませんが、決算関係書類等の適正を確保するという重要性や職務内容から、監事の過半数の同意を得た上で、総代会の議決を得るのが適当です。

　生協法（第31条の8第1項）は、元受共済事業を行う「消費生活協同組合であってその事業の規模が政令で定める基準（最終の貸借対照表の負債の部に計上した額の合計額が200億円以上の単位生協［法施行令第11条］）を超えるもの又は共済事業を行う連合会は…会計監査人の監査を受けなければならない」と規定しています。また、同条第3項では、「…会計監査人は、株主総会の決議によって選任する」とする会社法第329条及び「会計監査人の選任に関する議案を株主総会に提出するには、監査役の過半数の同意が必要」とする会社法第344条を準用しています。会社法がこのように定めているのは、「会計監査人の代表取締役…取締役会からの独立性を確保するとともに、監査役と会計監査人の職務上の密接な関係に鑑み、その選任につき監査役の意思を反映させるためである」（有斐閣『株式会社法』江頭憲治郎著、543頁）とされています。本事例は、法律に定める基準には満たないため法定はされていませんが、任意に外部監査を受ける生協において、どのように公認会計士を選任するかという問題です。

[外部監査]

　ご指摘の『公認会計士監査規約例』第4条第1項の内容は、法定された外部監査に準じたものです。任意の外部監査は、法定されたものではないため、このように規定しなければ法に反するということはありませんが、決算関係書類等の適正を確保するという目的のために行われるものなので、その重要性からみて、総代会の議決を得るのが適当と考えられます。また、会計監査について専門的能力による分析、提案等をお願いするという性格から、監事の過半数の同意を得た上で議案化し、総代会に提出して議決を得るのが適切です。なお、一定期間継続してもらうことが多いので、総代会で別の議決がなければ再任とみなすということ（みなし再任）も、『規約例』（第5条第2項）では定めています。

第6章

総(代)会

[総代関連]
6-1　総代の任期を2年とすることはできるか
6-2　組合員の家族が総代に立候補できるか
6-3　定款上の定数を下回る数の総代を選出した総代選挙は有効か
[総(代)会開催]
6-4　主たる事務所の所在地と別の場所で総代会を開催することに問題はあるか
[総(代)会招集]
6-5　総代会招集通知の際に議案をあわせて事前送付する意味と根拠は何か
[総(代)会出席者]
6-6　委任状や書面議決書提出後に総代が脱退した場合の効力はどうなるか
[書面議決書]
6-7　総代会の書面議決書の提出期限を「総代会の前日まで」と定められるか
[代理人]
6-8　宛名のない委任状は理事会への委任とみなしてよいか
[総(代)会定足数]
6-9　総代会の成立要件である、「総代の半数以上」の基準は何か
[総(代)会議長]
6-10　3人が交替して議長を務める場合、採決時の扱いをどうすべきか
[総(代)会議決事項]
6-11　総代会議決のない物流センター購入を、理事会決定でできるか
[総(代)会議題の設定方法]
6-12　総代定数変更に係る定款と規約の変更は1つの議案として提案できるか
[総(代)会議案の提案・提出]
6-13　通常総代会で否決された議案を臨時総代会に付議できるか
[動議]
6-14　総代会で議案の修正として認められるのはどの範囲か
[総(代)会議決方法]
6-15　総代会での採決の際に賛成にだけ挙手を求める方式は可能か
[総(代)会議事録]
6-16　総代会議事録に議事録署名人なしでもよいか

[総代関連]

6-1

総代の任期を2年とすることはできるか

> 定款に定める総代の任期を2年とすることはできるか。

　差し支えはありませんが、運営上の観点からは補充の扱い方を明確にしておくことが必要となります。

　総代の任期は、「3年以内において定款で定める期間」と規定されています（生協法第47条第5項）。総代は、組合員を代表し、総会に代わる生協の最高議決機関である総代会の構成員として、毎事業年度の決算や事業計画・予算など生協事業の基本事項、定款の変更や規約の設定・変更・廃止など組織運営の重要事項の決定に参与する重要な責務を負っています。そのため、総代の任期は、組合員の意思を的確に反映するという意味からあまりに長期間に及ぶことは適当でないと考えられると同時に、経験の蓄積という観点から、ある程度の期間を保障することも必要となります。法令が、総代の任期の具体的あり方に関して一定の範囲で各生協の判断に委ねているのは、こうした要請を考慮した上で、各生協の運営の実情を考慮してそれぞれの責任で適当な期間を定めることを促す趣旨と考えられます。

　実態としては1年としている生協が多いようですが、各生協の実情に応じ、総代の任期を2年と定めることは法的に全く問題はありません。ただし、2年のように複数年とすると、任期途中で転居等によって組合員資格を失い総代を退任する人も増え、欠員が生ずる可能性があります。この場合は、欠員補充に関する考え方を明確にし、規約等に定めておくことが、運営上の観点から必要となります。

[総代関連]

> **知っ得メモ No.48** 総代選出時期変更の方法
>
> 　総代選出時期を春から秋に変更し、その年の総代に限り1年〇ヶ月の任期とする場合の対処の仕方には2通りあります。
>
> 　定数変更を伴う場合には、「＊＊年度に限り総代の任期を1年〇ヶ月とする」との趣旨を附則で規定する方法が一つの方法です。
>
> 　また、模範定款例は「総代は、任期満了後であっても後任者が就任するまでの間は、その職務を行うものとする。」と定めており、これと同様の定めをおき、1年〇ヶ月後まで次の選挙を行わないことによって実施する方法も考えられます。この方法は、これが適用されることになる総代の選出前に任期が延長されることを組織的に承認いただいておけば対応可能と思われます。

[総代関連]

6-2

組合員の家族が総代に立候補できるか

> 組合員の家族が総代選挙に立候補したいと申し出ているが、生協法上認められるか。

組合員の家族の総代への立候補は認められません。

　総代の選挙は「定款の定めるところにより、組合員のうちからこれを選挙する」と規定されているだけで（生協法第47条第2項）、他に規定はありません。生協は家庭を中心とした生活の協同組織体なので、生協法も事業の利用（第12条第2項）や総会への出席（第48条）等で組合員の家族に対して一定の配慮をしています。

　しかし、生協の本質は個人同士の人的結合にあります（第2条第1項第1号）。組合員はあくまでも個人として生協に加入するのであり、世帯の代表者として加入するわけではありません。家族は無条件に組合員と同じ権利が認められるのではなく、法令等に定めがある場合に、その範囲で権利を認められる立場です。したがって、法令上特に規定のない総代となる権利は認められないため、自らは組合員でない組合員の家族が総代となること、そのために立候補することはできません。

　なお、総代会における代理人による議決権等の行使に関しても、総代の代理人となる資格は組合員に限定されており（第47条第6項による第17条第2項読み換え）、組合員の家族が総代の代理人として総代会に出席することはできません。

[総代関連]

知っ得メモ No.49　総代資格の制限

　総代は、「定款の定めるところにより、組合員のうちからこれを選挙する」と定められています（生協法第47条第2項）。また、この規定以外に総代の資格について定めた規定は存在しませんので、総代となることができる資格は、組合員であることだけです。しかし、合理的な理由が認められる範囲内で、定款または規約により一定の制限を加えることは各生協の自治に属する事項として可能と解されます。

　日本生協連が作成した『総代選挙規約例』では、役員および選挙管理委員は候補者になることができないとしていますが、これは役員については執行機関、監査機関と意思決定機関との機能分離という趣旨から、選挙管理委員については選挙事務の公正を期するという趣旨から規定したものです。

[総代関連]

6-3

定款上の定数を下回る数の総代を選出した総代選挙は有効か

> 定款に定める総代定数は200～250名であり、総代選挙規約に基づき理事会で210名という定数を決定して総代選挙を行った。しかし、立候補者は195名で、定款に定める定数にも達しなかった。この場合、総代選挙は有効か。

総代選挙自体は有効です。

　本事例では、立候補者数が、選挙の定数である理事会決定の210名を下回っているだけでなく、定款に定める定数の下限値をも下回っています。このような場合の総代選挙の有効性が問題とされています。

　選挙という制度は、定数を超える候補者の中から一定数の総代を投票により選ぶことを目的としたものであり、定款に定める定数を超えて総代を選出した場合は、当該選挙自体が取消しの対象となります。しかし、定款に定める定数を下回る候補者だけで総代選挙が行われることは、望ましくはありませんが、立候補制を基礎としている以上はあり得ることで、選挙自体の効力は問題とはされません。

　したがって、本事例における総代選挙は有効です。

　なお、定款に定めた定数の最低数も下回っているため、このままの人数で総代会を開催する場合には、定足数の計算にあたり、総代数（195名）ではなく、定款の規定の最低数（200名）を基準にする必要があります。

[総代関連]

> **知っ得メモ No.50　定款に定める総代定数を下回った場合の補充義務**
>
> 　総代は、「定款の定めるところにより、組合員のうちからこれを選挙する」と規定されていますが（生協法第47条第2項）、法令には補充等に関する他の規定は設けられていません。このため、総代会が常設の機関ではなく、その構成員数も相当の多数となることを前提に、補充に関する規定のある役員との比較で、総代の補充を考えるのが適切と考えられます。
>
> 　役員でも一定水準以内の欠員の補充は各生協の自治に委ねられていることを考えると、法が総代の欠員補充に関する規定を設けていないのは、総代の欠員には一律の補充義務を課すことをしないで、補充のあり方を各生協の自治に委ねている趣旨と解されます。模範定款例では、「総代が欠けた場合におけるその補充については、総代選挙規約の定めるところによる」と規約に委ねていますが、これはこのような解釈を裏付けるものと考えられます。
>
> 　したがって、規約に規定を設けた上で、それに従って対処することが必要です。生協によっては、選挙の際に定めた定数を1名でも欠いたら補充しなければならない、といった定め方をしている例も見受けられますが、生協運営の実情に即した現実的な規定としておくことが適切です。

[総(代)会開催]

6-4

主たる事務所の所在地と別の場所で
総代会を開催することに問題はあるか

> 主たる事務所の所在地とは別の場所で通常総代会を開催したが、問題はあるか。

　差し支えありませんが、過去の会場と著しく離れている場合は、その理由を理事会で確認し、招集通知に記載する必要があります。

　総代会の開催場所について生協法は何らの制約を設けていませんし、定款にも特段の制約を設けていないのが通例です。このような場合に、総代会の開催場所をどのように考えるべきかが本事例の論点です。

　以前は、商法（第233条）が、「総会は定款に別段の定ある場合を除くの外本店の所在地又は之に隣接する地に之を招集することを要す」と規定していました。しかし、この条文は撤廃され、現在、会社法にも総会開催場所についての規定はありません。このため、株式会社の株主総会開催場所は、「株主の分布状況・出席人数等を適宜判断して開催場所を定めることができる。…なお株主が出席し難い場所があえて選択された場合には、招集手続が著しく不公正であるとの理由で、総会決議の取消事由になりうる（会社法第831条）」（江頭憲治郎『株式会社法』P293）とされています。

　生協の総代会も、どこでなければならないという法的制約はありませんが、総代の権利行使を保障しながら、適正な会場を確保する必要があるという事情は同様です。そして、定款に定めがない限り理事会の裁量で開催場所を定めることができますが、総代の出席が困難な遠隔地での開催や特定の総代の議決権行使を妨げることを意図した開催場所の設定などは不適切です。このような点で問題がない限り、主たる事務所の所

［総（代）会開催］

在地とは異なる場所で開催することに問題はありません。なお、「総会の場所が過去に開催した総会のいずれの場所とも著しく離れた場所であるとき」は、その理由を理事会で確認し、招集通知に記載しなければなりません（生協法第37条、第38条、法施行規則第155条第2号）。

> **知っ得メモ No.51　臨時総（代）会の招集**
>
> 通常総（代）会は毎事業年度1回招集しなければならないとされていますが、臨時総（代）会は、「必要があるときは、定款の定めるところにより、いつでも招集することができる」（生協法第35条第1項）とされています。
>
> 加えて、同条第2項では「組合員が総組合員の5分の1（これを下回る割合を定款で定めた場合にあっては、その割合）以上の同意を得て、会議の目的たる事項及び招集の理由を記載した書面を理事会に提出したときは、理事会は、その請求があった日から20日以内に臨時総会を招集すべきことを決しなければならない」とし、役員の解任請求があった場合にもこの規定を準用しています。なお、これらの規定の「組合員」は総代会制をとっている場合は「総代」に読み替えられます。

[総(代)会招集]

6-5

総代会招集通知の際に議案をあわせて事前送付する意味と根拠は何か

> 総代会招集通知の際に議案を事前送付するとはどういうことか。その根拠はどこか。投票用紙は請求された方に書面議決書と併せて送付するのでよいか。

　会日の10日前までに発送する総代会開催通知とともに、議案を送付します。書面議決権・選挙権を認めている場合は不可欠です。書面議決書の同封ないし請求できることの記載もします。役員選挙がある場合は、候補者名簿の事前送付と書面投票用紙の提供が必要です。書面による議決権、選挙権の実質的な保障のためです。

　法改正前は、法令に総代会招集時に決定すべき事項、通知すべき事項の明文規定がなく、招集手続に関する規定（旧第37条）で、「会議の目的たる事項」（＝議題）を示すことが定められていたため、日時・場所と議題だけで足りると考えられていました。しかし、生協の組織・事業の規模拡大と社会的責任の増大の中で、総代会での審議・決定がより重要な意味を持つようになったため、総代会の招集手続を明確に規定することで総代の準備の機会を保障する必要があるとの考え方に基づき、この点についても法改正がなされました。

　改正後は、総代会の日時・場所、総代会の目的たる事項（＝議題）、通常と日時・場所が大きく離れている場合はその理由、書面議決の行使が定款に定められている場合はその行使期限・賛否の記載がない場合の扱い、代理人による出席が定款に定められている場合はその証明方法・代理人の数等を決定しなければならなくなりました（生協法第37条第1項、法施行規則第155条）。また、これらの事項は、招集通知に記載しなければなりません（第38条第3号）。この規定では議題を通知するこ

[総(代)会招集]

とは定められていますが、議案の通知は定められていません。

　他方、定款に定められている場合には、書面によって議決権や選挙権を行使することができます（第17条第2項）。また、多くの生協は、定款に定めて、書面による議決権及び選挙権を認めています。書面議決権・選挙権を認めていない生協では、総代会招集通知には議題が記載されていれば足りますが、認めている生協では、この権利が有効に機能する条件を満たす必要があります。

　会社法（第301条）は、書面による議決権の行使を認めている場合に、招集通知とともに参考資料として議案を事前に送付するよう求めており、農業協同組合法（第43条の6第5項）もその規定を準用していますが、生協法は特に準用はしていません。しかし、事前に議案の内容が知らされていなければ賛否の判断をして書面議決権を行使することができないため、議案書の事前送付は不可欠となります。そうでない場合には、当該議題について書面議決書を有効と扱うことはできず、欠席と扱わざるを得ません。選挙権も、役員選挙を行う場合は、候補者名簿が送付されなければ、書面で投票するにあたっての判断ができません。書面選挙権を行使するためには、候補者名簿等の事前送付は不可欠です。なお、書面議決書や投票用紙は、通知に同封するか、通知に「必要な場合は請求してください」と記載しておき、出席できない場合は書面議決書や投票用紙によって議決権・選挙権を行使することもできることを知らせるのが適切です。

[総(代)会出席者]

6-6

委任状や書面議決書提出後に総代が脱退した場合の効力はどうなるか

> 総代会に向けて委任状や書面議決書が提出された後、総代会の会日前にその総代が生協を法定脱退した場合、委任状や書面議決書の効力はどうなるか。その総代は出席扱いになるのか。

　当該組合員は法定脱退により当然に総代を退任したこととなるため、代理人または書面による議決権行使はできず、提出された書面は無効となります。

　法定脱退は、組合員資格の喪失、死亡、除名のいずれかの事由の発生と同時に脱退となり（生協法第20条第1項）、組合員ではなくなります。他方、総代は「組合員のうちからこれを選挙する」と定められており（第47条第2項）、組合員でなければ総代になることはできません。

　したがって、総代である組合員が総代会の会日前に法定脱退した場合には、法定脱退によって総代を退任したこととなります。総代会当日には、どのような形でも、総代として総代会に出席し、議決権及び選挙権を行使することはできません。

　定款に定めがあれば、総代の議決権および選挙権の書面又は代理人による行使が認められており（第47条第5項による第17条第2項の準用）、ほとんどの生協は定款に規定して認めています。当該生協でも、定款にこれを認める規定があります。当該規定の趣旨は、総代会当日に止むを得ない理由で出席できない総代に対して、議決権および選挙権の行使を保障することにあります。本事例の場合、総代会当日には既に総代ではないので、当該の元総代が提出した委任状や議決権行使書面は効力をもちません。

[書面議決書]

6-7

総代会の書面議決書の提出期限を「総代会の前日まで」と定められるか

> 当生協では書面議決書の提出期限について、定款で「総代会の開会まで」と定めているが、これを「総代会の前日まで」という形に変更できるか。

「総代会の前日まで」に変更することは可能と思われますが、定款変更にあたり行政庁の理解を得ておくことが適切です。

生協法第17条第2項は、「組合員は、定款の定めるところにより、…あらかじめ通知のあった事項につき書面又は代理人をもって、議決権又は選挙権を行うことができる」と定めていますが、この規定の趣旨については、「書面議決又は代理議決を認めるか否かは、定款で自由にこれを定めることができるが、認めるには定款にこれを定めなければならない」（第一法規『消費生活協同組合法逐条解説』、83ページ）とされています。つまり、書面または代理人による議決権・選挙権の行使については、そもそも認めるか否かを含めて各生協の定款による自治に委ねられています。この規定は同法第47条第6項により総代会に準用されているため、総代会における書面または代理人による議決権・選挙権の行使についても同様です。

書面議決書の提出期限は、書面による議決権行使手続の一部ですが、上述のように書面による議決権の行使が全面的に各生協の定款による自治に委ねられている以上、その手続の如何についても、著しく不合理でない限り、各生協の実情に合わせて定款により自由に定めることができると解されます。

本事例では提出期限を総代会の前日と定めることが想定されています

が、これは生協の総代会運営に関わる事務の実情からいって著しく不合理とは言えませんので、法的には可能と思われます。しかし、定款変更にあたっては事前に行政庁と協議を行い、理解を得ておくことが適切と考えられます。

　ただし、法第37条第1項第3号を受けた施行規則第155条第3号イでは、書面議決書の提出期限を定める場合は、「総会の日時以前の時であって、法第38条第1項の規定により通知を発した時から10日間を経過した時以後」でなければならないとされています。書面議決書を提出する場合は、議案の内容について吟味した上で予め賛否の判断を下すことが必要なので、そのための期間を確保することが求められます。上記の規定はそうした趣旨に基づくものと考えられます。したがって、招集通知に議案を添付して送付するとともに、招集通知の発送日と書面議決書の提出期限との間に中10日間の期間が必要となる点に留意が必要です。

[代理人]

6-8

宛名のない委任状は理事会への委任とみなしてよいか

> 総代会で、宛名のない委任状は理事会への委任とみなしてよいか。

宛名のない委任状を有効とすることはできません。また、理事会への委任というのは成り立ちません。

株式会社では、委任状用紙の送付による議決権の代理行使の勧誘が慣行となっており、受任者が記載されずに返送されるのが通例です（いわゆる白紙委任状）。この場合、白紙委任状は受任者の特定を会社に委ねるものと解されており、会社では従業員等を受任者に指名して議決権を代理行使させ、議案の成立に役立つように用いています。

しかし、本来、委任状は、本人に代わって議決権を行使する者に対して信頼関係に基づいて交付されるものです。即ち委任者が相手方を特定して行われるべきものといえます。また、匿名性が強く人格的要素が希薄な株式会社に対し、生協は人と人の結合体ですので（生協法第2条第1号）、組織としての性格が著しく異なります。

宛名のない委任状を受け取った生協が、受任者を特定して代理権行使を行った場合、その有効性には疑義が生じます。したがって、生協で代理人によって議決権を行使する場合には、総代自身が相手方を特定して議決権の行使を委任するように進めることが必要です。また、委任する相手は、特定の組合員でなければなりませんから（第47条第6項）、理事会という機関を委任の相手とすることはできません。したがって、白紙委任状は無効とし、委任が成立していないため出席議決件数にも算入しないのが適切です。

なお、委任の宛名を「議長」と記入した委任状が提出される場合もあります。このような委任状は、会議の場の結論に委ねるという意味で上

[代理人]

記の白紙委任状に近い性格を持ち、また、議長は総代として議決に加わる権利を持ちませんので（第41条第3項）、委任の相手を「議長」と記入した委任状は全て無効と扱うことが適切です。

　ただし、特定の総代を代理人とした場合に、その総代がたまたま議長に選任されるというケースもあり得ます。その場合、議決権は行使されませんが、委任自体は有効で、出席議決権数には含まれるという扱いになります。

> **知っ得メモ　No.52　委任状・書面議決書の保存期間**
>
> 　委任状・書面議決書の保存は、会社法では（委任状：第310条第6項、書面議決書：第311条第3項）、総会の日から3ヶ月間、主たる事務所に備置くことが定められています。この3ヶ月という期間は、総会決議の取消請求訴訟の提訴期限と関連していると考えられます。
>
> 　生協法には委任状・書面議決書の保存に関する明文の規定はありませんが、総（代）会の議決の不存在若しくは無効の確認又は取り消しの訴えは定められています（第46条による会社法第830条、第831条の準用）。したがって、会社法の規定と同様に、決議の効力をめぐる法的紛争への対処という意味で委任状・書面議決書を保存する場合には、最低でも3ヶ月以上保存（主たる事務所での備置き）することが必要です。なお、実際の運用上は、3ヶ月を過ぎた後でもできれば翌年の通常総（代）会までは保存しておくことが望ましいと考えます。

[総(代)会定足数]

6-9

総代会の成立要件である、「総代の半数以上」の基準は何か

> 定款で総代定数を500人以上600人以内と規定し、505名の総代を選出したが、区域外への転居等で現在は497名となった。現段階で総代会を開催する場合、成立要件である総代の半数以上とは、現存497名の半数以上と考えてよいか。

500名の半数以上と考えるべきです。一般的には構成員数を基準としますが、現存の総代数が定款に定める定数を下回っている場合、定款に定める定数の下限の半数を定足数とします。

総代会の定足数に法令上の定めはなく、特別議決を行う場合に限って議決に半数以上の出席が必要と定められています（生協法第42条）。このため、定足数は定款等の定めにしたがうこととなります。総代会は、生協の最も重要な事項を審議、議決する場であり、あまり少人数で成立してしまうのは問題なので、半数以上の出席と定めるのが通例です。模範定款例（第52条第1項）は「総代会は、総代の半数が出席しなければ、議事を開き、議決をすることができない」と定めており、当該生協を含め、ほとんどの生協が定款に同様に定めています。

定足数判断の基準を「半数以上」と規定する場合、何の半数なのかが問題となります。会議体の定足数の規定の仕方には、定数を基準として定めるもの、構成員数を基準として定めるもの、具体的に人数で定めるものの3つが一般的です。当該生協の定款は「総代の半数以上」と規定しているので、構成員数である現存の総代数を基準とすると解されます。

しかし、選出後に総代が減少し、定款に定める定数の下限さえも割っている場合にも、その時点で存在する総代数を定足数の基準としてよいかという問題があります。

総代会の定足数は、生協の民主的な運営を確保するために、意思決定

[総(代)会定足数]

に参加する総代の必要最低限の人数を設定するものといえます。下限もなく無条件に、その時点で存在する総代数がその基準となり得るとすれば、極めて少数の総代の出席で総代会が成立し、生協運営上の重要な事項を決定してしまうことになりかねません。定款に定められた総代の定数は、その生協の規模等の実情を考慮した上で、民主的な運営を確保するために適切な人員の幅を設定したものと考えられます。したがって、現存の総代数が定款に定める定数を下回る場合には、定款に定められた定数の下限を基準とし、その半数以上を成立要件とし、これを歯止めとするのが適切です。

本事例では、定款に定める定数の最低限500名の半数以上、即ち250名以上の出席が必要です。

[総(代)会議長]

6-10

3人が交替して議長を務める場合、採決時の扱いをどうすべきか

> 議長を総代の中から3人選任し、3人とも終始壇上の議長席に着席し、交代で議長を務めている。採決の際に議長を担当していない他の2人の総代も議決権を行使できないのか。また、可否同数の場合の議長決裁はどう行うべきか。

3人の議長団全員が議決権を行使できません。議場が可否同数の場合は議長団内部の多数決で議長団としての意思を決定することが適切です。

議長には、「総会の議事は、この法律又は定款に特別の定めのある場合を除いて、出席者の議決権の過半数でこれを決し、可否同数のときは、議長の決するところによる」（生協法第41条第1項）としてキャスティング・ボートが与えられると同時に、「議長は、組合員として総会の議決に加わる権利を有しない」として議決権が排除されています（同第3項）。本事例は、複数議長制の場合に、この規定がどのように適用されるかの問題です。この規定は、議決が成立したか否かを明確にするために議長にキャスティング・ボートを与えたこととの関係で、二重投票を防止するために定められているものです。したがって、採決時に議長が実質的に特定でき、議長の議決権の扱いに疑義が生じないことが必要です。

本事例の場合、議長は交代しながら職責を果たしているものの、議長に選任された3人の総代は総代会を通じて壇上に着席し、相談しながら議事を進める形をとっています。これは、実質的には3名の総代で議長団を構成し、議長団内部の役割分担を行っていると解するのが妥当です。

このような場合は、当該規定中の「議長」という文言は議長団全体を指すものと解し、全員の議決権を排除するのが適切です。

　同時に、可否同数のときのキャスティング・ボートは議長団に与えられるため、議長団内部で相談しても意思統一できない場合には、多数決によって議長団としての意思を決し、その意思によって決裁することになります。なお、本事例は議長団が奇数名で構成されており、多数決で意思を決することが可能ですが、議長団が偶数名で構成され、議長団内部で相談しても意思統一できない上に、多数決でも議長団の意思を決することができない場合があり得ます。その場合は、議場も半数ちょうどの賛成、議長団も半数ちょうどの賛成ということで、議決に必要な過半数を得られなかったこととなり、否決となります。

　なお、交代後には一般席に戻るなど実質的に1名ずつで議事を進めている場合や、途中で議長が解任されて採決の際には別の総代が議長を務めている場合は、採決の時点の議長だけが議決権を行使できないと解されます。

[総(代)会議長]

> **知っ得メモ No.53** 議長の職責・権限
>
> 　議長の職責や権限については、法令に規定がありませんし、定款にも定めがないのが通例です。しかし、会議体の一般原則からして、議長は総代会の議事運営の責任者であり、総代会の秩序を維持し、議事を整理して、所定の時間内に予定された議題について結論を出せるように議事を運営する任務を負っています。
>
> 　総代会は多数の総代が参加する会議体ですから、その運営には秩序が必要です。発言は議長の許可により行うこととし、不規則発言を禁止することはもちろん、繰り返しの発言や、1人の総代が決められた時間を超えて発言している場合にはこれを制止したり、制止にしたがわず議事を妨害する総代については退場を命じたりすることもあります。これが議長の持つ秩序維持権です。
>
> 　また、議長は議事を円滑に進行し、決められた議題について一定の結論に導かなければなりません。そのためには、総代の質問に対する回答を理事に求めたり、動議が出された場合に適切な対応を行ったり、場合によっては当初の議事日程から審議の順序を変更することも議長の判断事項です。また、理事会からの議案説明・報告や事前の質問への回答を行った後に審議を一括して行うことも、議長の判断により議長が予め宣言し、議場の了解を得ることにより可能です。休憩についても議長の判断で可能です。これらは議長の持つ議事整理権です。
>
> 　規約では、こうした権限の根拠となる規定を設けるとともに、発言許可、退出命令など権限の具体的な内容についても、ある程度明確にしておく必要があります。

[総(代)会議決事項]

6-11

総代会議決のない物流センター購入を、理事会決定でできるか

> 物流センターを購入しようと考えている。この件、総代会の議題としてなかったが、理事会で決定し、来年の総代会に報告すればよいか。それとも、事前の総代会決定が必要か。

　事業計画の著しい変更にあたるため、総代会の議決を事前に得る必要があります。

　総代会の議決事項として、「毎事業年度の事業計画の設定及び変更」（生協法第40条第1項第4号）、「収支予算」（同第5号）が定められています。各生協は、毎事業年度の事業計画と収支予算を通常総代会で決定し、その決定に沿って事業運営を行います。しかし、事業年度途中までの経営状況や環境変化に応じて実行予算を補正したり、事業計画を変更したりする必要が生じる場合もあります。そうした際、どのような場合に、あらためて総代会の議決を得る必要があるか否かが問題となります。

　事業計画や収支予算は、あくまでも事業年度の当初における見通しに基づいて作成されるものであり、業務執行が大枠としてこれに沿って行われることは必要ですが、事業年度途中で生じた状況変化に迅速に対応することも経営を担う理事会の職務として重要です。
　生協を取り巻く事業環境の変化は近年一層速まっており、年度当初に立てた事業の見通しと実際の事業運営の状況との間に乖離が生じやすくなっています。大きな乖離が生じた場合、総代会で議決した収支予算を実行上一部修正することや、事業計画をにらみながら適切な執行方針をたてることは、理事会の責務に照らして当然の措置です。このような実行上の予算修正までそのつど総代会の議決を得なければならないとすれば、経営の機動性を著しく損ない、生協の事業運営に支障を生ずるおそ

[総(代)会議決事項]

れがあります。したがって、実行上の予算修正は、総代会で議決した収支予算と事業運営の状況との乖離を補正するための行為として、理事会の判断で行うことができるものと解されます。

　しかし、著しい乖離や新しい事業条件が生じたために事業計画自体を組替える必要が生じた場合には、総代会であらためて議決を得る必要があります。法も、毎事業年度の収支予算に関しては通常総代会における議決を求めているだけですが、事業計画に関しては「設定及び変更」を総代会の議決事項としています。

　本事例は、当初の事業計画には盛り込まれていなかった大型投資を行うものであり、事業計画を大きく変更する必要があるので、総代会の議決を事前に得る必要があります。

[総(代)会議決事項]

> **知っ得メモ　No.54**　生協法における総(代)会議決事項
>
> 　生協の運営に関する重要な事項は、組合員が直接・間接に参加する総(代)会で議決することが義務付けられています。
>
> 　生協法における総(代)会議決事項は以下のとおりです（法第40条第1項）。
>
> ①．定款の変更
> ②．規約の設定・変更・廃止
> ③．合併・解散
> ④．事業計画の設定・変更
> ⑤．収支予算
> ⑥．出資1口金額の減少
> ⑦．事業報告書・決算関係書類（貸借対照表・損益計算書・剰余金処分案〈損失処理案〉）
> ⑧．組合員の除名と役員の解任
> ⑨．連合会への加入・脱退
> ⑩．その他定款で定める事項
>
> 　以上の他にも、役員の選挙・選任（法第28条）、理事・監事の報酬の決定（準用会社法第361条・第387条）、役員の生協に対する責任の軽減（法第31条の3）などは、総(代)会で行うことになっています。

[総(代)会議題の設定方法]

6-12

総代定数変更に係る定款と規約の変更は1つの議案として提案できるか

> 総代定数を増加させるため、通常総代会で定款及び規約を変更する予定だが、その際、定款の変更と規約の変更を1つの議案として提案することができるか。

定款変更と規約変更を一つの議案とすることは適切ではありません。

　定款の変更も（生協法第40条第1項第1号）、規約の変更も（同第2号）、総代会の議決を必要とする事項です。
　総代会への議案提案の方法には、法令に特段の定めがないので、議決要件が共通であって各提案事項に相当の共通性ないし関連性がある限り、複数の提案事項を1つの議案として提案することは可能と解されます。
　しかし、定款の変更は、総代会の特別議決事項であり、半数以上の出席が法定され、出席者の3分の2以上の多数による議決が必要です（第42条第1号）。一方、規約の変更は、総代会の議決事項ではありますが（第40条第1項第2号）、特別議決を必要とする事項には含まれていませんので、通常議決で足ります。通常議決については、出席者の過半数をもって決し、可否同数のときは議長が決すると定められています（第41条第1項）。
　このように、定款の変更と規約の変更とは議決の要件が異なるため、同一の議案として一括採決することは妥当ではありません。議案毎の議決要件を総代に正確に説明する趣旨から考えて、問題があります。別の議案とした上で、定款の変更は3分の2以上の多数が必要であることを明確にして、総代会を運営するのが適切です。

6-13

通常総代会で否決された議案を臨時総代会に付議できるか

> 通常総代会で事業報告と決算が否決されたため、その時点で総代会を打ち切り、臨時総代会を開催する。通常総代会で否決された議案を臨時総代会に付議することは可能か。

　臨時総代会は別個の総代会なので、再度同一の議案を審議することに法的な問題はありません。

　会議体の一般原則に、「同一の会議体において、一度議決または決定した事項については、特段の状況の変化がない限り重ねて審議することを許さない」という一事不再議の原則があります。日本生協連が作成した『総代会運営規約例』（第20条）でも、「既に否決され、または撤回された議案および動議は、特段の状況の変化がない限り、同一の総代会において再び提出することができない」として、この原則を位置づけています。本事例では、通常総代会で否決された事項の臨時総代会への付議とこの原則との関係が問題となっています。

　一事不再議の原則は、「同一の会議体の中で」重ねて審議することを許さないというものであり、別の手続きによって新たに招集される会議体にまで効力が及ぶものではありません。延期又は続行の決議があり（生協法第44条）、継続会という形であらためての招集手続きなしで別個の日時に開催する場合には、同一の総代会と扱われますので、一事不再議の原則の効力が及びます。しかし、本事例のように臨時総代会として別個の招集手続によって開催される場合には、一事不再議の原則の効力は及びません。したがって、再度同一の議案を審議することに法的な問題はありません。もちろん、実際に一度否決された議案を再度提出し議決を得るには、総代に納得していただくための努力が必要です。この

[総(代)会議案の提案・提出]

ことは、一事不再議とは別個の問題です。

なお、決算関係書類等は、これまで1年間に実際に生じたことをとりまとめたものであって、基本的に修正のできないものです。これが否決されたということは、執行部に対する不信任等、当該議案の臨時総代会への再提案・議決という以上の問題を含んでいることが考えられます。

> **知っ得メモ No.55　総代会で議決できる事項の範囲**
>
> 生協法第40条第2項は、定款に別段の定めがない限り、総代会が議決できる事項を招集の際に通知した議題に限定しています。一方、定款では、「定款により総代会の議決事項とされているものを除く事項であって軽微、かつ緊急を要するもの」について、例外的に総代会当日の議題追加を認めているのが通例です（模範定款例第51条第3項）。したがって、総代会では原則として招集通知に記載した議題についてのみ議決することができ、定款に定める要件を満たす軽微、緊急な事項についてのみ、総代会当日に議題を追加することができます。

[動　議]

6-14

総代会で議案の修正として認められるのはどの範囲か

> 通常総代会で、定款変更議案と役員選挙規約変更議案に対して修正動議が出される可能性があり、修正の内容は下記の通りと想定される。
> ○定款変更　（原案）地区の機関に関する規定の削除
> 　　　　　　（修正）常任理事制の導入に関する規定の新設
> ○規約変更　（原案）欠格事由に関する表現の変更、役員選考委員会
> 　　　　　　　　　 に関する規定変更
> 　　　　　　（修正）信任投票の実施に関する規定の新設
> 原案は総代に送付済である。このような内容を修正動議として当日提出し、議決することができるか。

　本事例は、あらかじめ送付された議案から予見することが不可能な内容なので、議案の修正と認めることは困難であり、修正動議として扱うことはできません。

　会議体の一般原則として、会議体の構成員は動議提出権をもっており、付議された議案に関する修正動議を提出することができます。生協の総代会でも同様です。
　しかし、修正動議の名のもとに事前に通知された原案とは全く異なる事項に関する提案がなされ、可決することができるとすれば、招集通知に記載された議題やあらかじめ送付された議案書をもとに判断して欠席した総代にとって予期できない決定が行われ得ることになります。これは、会議体構成員の権利保障の観点から適切ではありません。修正動議によって総代会の当日に修正を加えることができるのは、招集通知に記載された議題やあらかじめ送付した議案書から見て、通常一般的に予見できる範囲に留まります。本事例の「修正」は、いずれもあらかじめ送

［動　議］

付された議案書の内容とは直接関連しない規定の新設を求めるものであり、あらかじめ送付された議案から見て通常一般的に予見できる内容とはいえません。したがって、上記の考え方に照らし、総代会当日に修正が可能な範囲を逸脱しており、修正動議として扱うことはできないと解されます。

　また、新たな議案、つまり議題の追加として扱うことも、 知っ得メモ No.55 （184頁）のように認められません。総代会は原則としてあらかじめ通知した議題についてのみ議決することができ、各生協の定款では、定款上の総代会議決事項以外の事項であって軽微かつ緊急を要するものに限り、総代会当日の議題の追加を認めています（模範定款例第51条第3項）。定款・規約の変更は法令・定款上の総代会議決事項であるため、総代会当日に議題を追加することはできません。

[動　議]

> **知っ得メモ　No.56　動議の種類**
>
> 　会議体の構成員から、会議の場で発議される事項を、広く動議と呼びます。動議には、議長の選任・解任など議事運営に係るもの（議事運営上の動議）、議案の修正に係るもの（修正動議）、議案に関連しない事項で、総代会の席上で総代から新たな議題として発議されるもの（緊急動議）、の3つがあります。発議の性格から、議事運営上の動議は手続き的動議といわれることもあり、修正動議は実質的動議と言われることもあります。
>
> 　議事運営に関する動議が提出された場合、これを逐一総代会に諮っても差し支えありませんが、原則として議長の裁量により却下したり採用したりできます。しかし、議長不信任の動議、総代会の延期・続行、法定外部監査生協における会計監査人の出席を求める動議は例外で、これらの動議が出された場合には、一事不再議の原則に抵触する場合を除き、必ず採決に付さなければなりません。
>
> 　修正動議と緊急動議については、会議体運営の民主性と円滑な議事進行の必要性を勘案し、一定の総代の賛同がなければ提出できないという取扱いを行うのが適切です（そうした取扱いをする場合には、その旨を総代会運営規約に明記しておく必要があります）。なお、こうした賛同者要件を満たしていても、合理的理由のないことが明白な場合、一事不再議の原則に反する場合、権利の濫用に類する場合などは、動議を却下することができます。

6-14　総代会で議案の修正として認められるのはどの範囲か

[総(代)会議決方法]

6-15

総代会での採決の際に賛成にだけ挙手を求める方式は可能か

> 総代会で採決する際に、賛成にだけ挙手を求め、賛成者の数を数えるという方式をとることができるか。

　総代会の意思に基づいて行われる限り、賛成についてのみ挙手を求めるという方式をとったとしても、法的問題はありません。

　総代会における採決の方法については、通常、法令、定款ともに規定がありません。

　会議体の採決で、挙手、起立等複数の方式を採用している場合に、どの表決にどの方式を求めるかは、必ずしも一様ではありません。また、挙手等を表決の方法とすることは規約に規定されていても、挙手により採決を行う場合にどの表決に挙手を求めるかという点には規定がないのが通例です。

　総代会の議決要件は、通常議決、特別議決とも賛成の議決権数が出席議決権数に占める割合により定められているので（生協法第41条、第42条）、賛成の議決権数が出席議決権数に占める割合が規定された比率を満たしているか否かを正確に把握できていれば、反対等の議決権数を把握していなくとも議決要件が充足されているか否かは判断できます。採決は付議事項の成否を明らかにすることを目的に行われるものなので、構成員の表決権を保障した上で、その目的が達成できる方法である限り、会議体ごとの自治で決定して差し支えない事項と考えられます。

　また、賛成にだけ挙手を求める方式であっても、賛成でない構成員は挙手をしないという方法により表決に参加できる以上、構成員の表決権の保障という観点からも問題はありません。なお、法改正前は、模範定款例で、議事録に賛否の数を記載することとしていましたが、法改正後はその点について特段の規定もなく（法施行規則第163条第3項）、議事

録への記載のために反対者の数を数えなければならないということもなくなりました。したがって、総代会の意思に基づいて行われる限り、賛成についてのみ挙手を求めるという方式をとったとしても、法的問題はありません。

> **知っ得メモ No.57 拍手による採決**
>
> 　日本生協連作成の『総代会運営規約例』（第18条第2項）は、採決の方法を「挙手、起立、投票のいずれかによるものとし、そのつど議長がこれを定める」と規定し、拍手は議決方法として採用していません。
>
> 　我が国の会議体では、拍手を採決の方法の1つとして採用する実例は多く、拍手が採決の方法として不適切とは一概には言えません。しかし、拍手という方法では議決が有効に成立したか否かを厳密に確認することが困難であり、当該議決の効力が法的に争われたときに過半数の賛成によって議決が成立したことの証明が難しいという問題があります。これは拍手という採決方法の有する本質的な欠点であり、議決への異議が唱えられる可能性に充分留意する必要があります。

[総(代)会議事録]

6-16

総代会議事録に議事録署名人なしでもよいか

> 総代会議事録に、議事録署名人を設けず、議長・理事・監事の署名又は記名押印で有効か。

　定款に「作成した理事及び議長が署名又は記名押印する」と定めている生協では、議事録署名人は不要です。

　総代会議事録はあくまでも議事の記録、証拠に過ぎないので、法令は署名や記名押印を求めてはいません。しかし、記録として重要なものであり、内容の正確性を担保するため、模範定款例（第59条）では「作成した理事及び議長が署名又は記名押印する」と定め、その（注）で「議長及び総代会において選任した総代二人と規定することも差し支えない」としています。
　総代会議事録への署名又は記名押印は、各生協の定款の定めにしたがって行われればよく、「作成した理事及び議長が署名又は記名押印する」と定めている生協では、議事録署名人は不要です。
　なお、総代会議事録の記載事項としては、日時、場所、議事の要領及びその結果等とともに、出席した理事、監事の氏名、議長の氏名、議事録を作成した理事の氏名が定められています（第45条第1項、法施行規則第163条第3項）。出席した理事、監事の名前は記載しなければなりませんが、議事録作成理事以外は署名又は記名押印をする必要はありません。

[総(代)会議事録]

> **知っ得メモ No.58　総(代)会議事録の作成義務**
>
> 　総(代)会議事録は、法第45条第1項によって作成が義務づけられ、施行規則第163条において記載内容等が規定されています。したがって、所定の記載事項を漏れなく記載した議事録を作成することが必要です。
> 　また、総(代)会議事録は、認可や登記の申請の際の添付書類として使用され、法に定められた生協の公式の記録として、その記録に沿った証拠能力が認められていることから、必要事項を正確かつ簡潔に記載することが必要です。
> 　なお、議事録の作成期限については、法令上の定めはありませんが、速やかに作成する必要があり、登記との関係も踏まえ、総(代)会終了後、少なくとも2週間以内で作成することが望ましいと考えられます。

第7章

会計・開示・公告その他

[区分経理]
7-1　医療事業の剰余を他の事業にまわすことができるか
[法定準備金]
7-2　法定準備金等の当期剰余金に対する割合は税引後で計算してよいか
[任意積立金]
7-3　任意積立金を取り崩して割り戻すことができるか
[利用分量割戻し]
7-4　利用分量割戻しを業態ごと、事業所ごとで分けて実施することはできるか
[出資配当]
7-5　出資額が一定金額以下の組合員に出資配当しないという扱いは可能か
[書類の備置、閲覧]
7-6　理事会議事録を開示しなくて良い「正当な理由」とはどのようなものか
[公告]
7-7　公告の方法は、事務所店頭の掲示のみでもよいか
[決算・経理等]
7-8　欠損金を生じた場合、任意積立金等により填補しなければならないか
[登記]
7-9　定款変更と代表理事選定に伴う変更登記の時期はいつか
[その他]
7-10　選挙の効力が法的に争われる手段としてどのような方法があるか

[区分経理]

7-1

医療事業の剰余を他の事業にまわすことができるか

> 医療事業の剰余を他の事業にまわすことができるのか。

　医療事業の剰余を医療福祉等事業に属する他の事業にまわすことはできますが、医療福祉等事業に属さない事業にまわすことはできません。

　医療事業では病院・診療所の事業、福祉事業では介護保険事業など公的保険からの給付がある事業については区分経理が求められ、これらの事業から生じた剰余を他の事業に回すことは認められません。なお、生協法第50条の3第3項に規定されている医療福祉等事業として厚生労働省令で定められる事業については、病院・診療所の事業や介護保険事業などと同一の経理で管理してよいこととされています。詳細は次頁の 知っ得メモ No.59（196頁）を参照ください。

　また、その事業において剰余が生じたときは積立金として処理し、その積立金は医療福祉等事業の費用以外には充当してはならないとされています。

　したがって、医療事業の剰余を医療福祉等事業に属する他の事業にまわすことはできますが、医療福祉等事業に属さない事業にまわすことはできません。

[区分経理]

> **知っ得メモ No.59** 医療福祉等事業の区分経理
>
> 　区分経理については個別事業ごとに判断が必要です。区分経理の対象となる医療福祉等事業は2つに大別されており、それぞれについて、厚生労働省令（生協法施行規則）では大要下記のように定めています。
>
> （1）必ず他の事業と区分経理しなければならないもの（規則第164条）
> 　①．病院・診療所を営む事業
> 　②．介護保険法の指定居宅サービス事業
> 　③．法令に基づく事業で公費からの負担・補助があるもの
> 　④．③以外で国・地方公共団体の補助があるもの
>
> （2）定款の規定により（1）の事業と一緒に経理できるもの（規則第165条）
> 　①．法第10条第1項第6号の事業（医療事業）
> 　②．法第10条第1項第7号の事業（福祉事業）
> 　③．①②のほか、必要的区分経理事業（規則第164条事業）から生じた利益を財源にあてることが適当な事業
>
> 　上記の（1）①．～④．の事業については、行っていれば必ず他の事業（購買事業など）とは区分して経理することが必要です。
>
> 　これに対して、（2）①．～③．の事業については医療福祉等事業に含めて経理するか（この場合にはその旨を定款で規定することが必要です）、他の事業に含めて経理するかを各生協の自治によって決めることができます。また、（1）の事業を行っておらず、（2）の事業だけを行っている場合には、区分経理の必要はありません。

[法定準備金]

7-2

法定準備金等の当期剰余金に対する割合は税引後で計算してよいか

> 剰余金処分案で法定準備金及び教育事業等積立金を積み立てる際、10分の1、20分の1という割合は税引前の金額で計算するのか、税引後の金額で計算するのか。

税引後の金額で計算します。

　生協法第51条の4第1項及び第4項（第5項）の規定により、生協は毎事業年度の剰余金の10分の1以上を法定準備金として積み立て、20分の1以上を教育事業等積立金として翌事業年度に繰り越さなければなりません。ここでいう毎事業年度の剰余金とは、当期利益から当期費用をさし引いた金額を指すか、そのうち処分可能な金額を指すかが問題となります。しかし、過年度から繰り越された損失金が存在する場合には、処分可能な金額が損失を填補する前の金額の10分の1を下回る可能性があることを考慮すれば、当該規定に言う「毎事業年度の剰余金」とは処分可能な金額を指すものと解することが妥当です。法人税、事業税などは、会計上費用に近い取扱いをされていることから、処分可能な金額には含まれません。
　したがって、剰余金処分案で法定準備金及び教育事業等積立金の金額を計算する場合には、税引後当期剰余金を基準としてそれぞれ10分の1以上、20分の1以上であれば良いことになります。

[法定準備金]

> **知っ得メモ No.60** 法定準備金と教育事業等繰越金
>
> 　基本的な剰余金の積み立て、繰り越しについて、生協法は法定準備金と教育事業等繰越金という2つの形態を定めています。
>
> 　生協は、毎事業年度の剰余金の10%以上を積み立てなければなりません（法第51条の4第1項）。これが法定準備金です。法定準備金の積み立ては、定款に定める額に達するまで毎年行う必要がありますが、定款で定める額は少なくとも出資総額の2分の1以上でなければなりません。ただし、元受共済事業を行う生協における法定準備金については、定款で定める額は少なくとも出資総額以上、毎事業年度の剰余金からの積み立ての割合は20%以上に、それぞれ加重されています（法第51条の4第2項）。
>
> 　また、毎事業年度の剰余金の5%以上は、次年度の教育事業の費用にあてるために積み立てることになっており、教育事業等繰越金と呼ばれています（法第51条の4第4項）。教育事業等繰越金は、教育事業の費用のほか、地域で行う子育て支援、家事援助等の組合員活動の費用にも充てることができます。この点が今回の法改正で新たに盛込まれました。

[任意積立金]

7-3

任意積立金を取り崩して割り戻すことができるか

> 任意積立金を取り崩して割り戻して良いか。

　任意積立金を取り崩して出資配当を行うことは可能ですが、利用分量割戻しを行うことはできないものと解されます。

　生協法第52条第1項は、「組合は、損失をてん補し、前条に定める金額を控除した後でなければ剰余金を割り戻してはならない」と規定しており、この「剰余金」の定義がまず問題となります。
　この点については、日本公認会計士協会非営利法人委員会研究報告第7号『消費生活協同組合における剰余金処分について』により、「貸借対照表における資本合計から出資金、法定準備金および次期繰越剰余金に含まれる教育事業繰越金を控除した残余」を指すという見解が示されています。しかし、利用分量割戻しについては「供給高の値引き及び取引価格の修正」という性格から、「組合員との取引及び組合員との取引のための事業者等との取引から生じた剰余金の範囲内とすることが望ましい」とされています。

　所管行政庁もこの見解を支持し、出資配当については繰越剰余金や任意積立金を財源に充てることができますが、利用分量割戻しについては毎事業年度の剰余金（＝当期剰余金）以外から割り戻すことは適切でないという立場をとっており、模範定款例では割戻しの財源について、利用分量割戻しと出資配当で異なる規定を設けています。具体的には、利用分量割戻しについては、模範定款例第69条第1項において、「毎事業年度の剰余金について繰越欠損金をてん補し、第66条第1項の規定による法定準備金として積み立てる金額及び第67条第1項の規定による教育事業等繰越金として繰り越す金額（以下「法定準備金等の金額」という。）

[任意積立金]

を控除した後に、なお残余がある場合」に限って行うことができるとされ、繰越剰余金や任意積立金の取崩額を加えて行うことは認めていません。

他方、出資配当については、模範定款例第70条第1項において、「毎事業年度の剰余金から法定準備金等の金額を控除した額又は当該事業年度の欠損金に、繰越剰余金又は繰越欠損金を加減し、さらに任意積立金取崩額を加算した額」について行うことができるとされています。

したがって、剰余金の割戻しに関して模範定款例と同様の規定を設けている生協にあっては、任意積立金を取り崩して出資配当を行うことは可能ですが、利用分量割戻しを行うことはできないものと解されます。

[利用分量割戻し]

7-4

利用分量割戻しを業態ごと、事業所ごとで分けて実施することはできるか

> 利用割戻しを店舗と宅配事業、あるいは店舗間で分けて実施することは可能か。

可能ですが、経理上も区分されていることが必要です。

　利用分量に応じた剰余金の割戻しは、基本的に組合員と生協との取引価格の下方修正という性格を持つものとして、生協法上も税法上も位置付けられています。法人税法において利用分量割戻しの損金算入が認められていることも、こうした利用分量割戻しの基本的性格に由来するものです。もっとも、利用分量割戻しは毎事業年度の生協の活動全体の結果としての剰余金について、一定の割合で個々の利用高に応じて分配するものであり、取引価格の下方修正としてはかなり大まかなものであると言えます。生協法は第52条第3項において、剰余金処分による利用分量割戻しについて「事業別」にその率を定めることを認めています。
　この「事業別」について模範定款例第69条の「解説」は、「供給事業、利用事業という別ばかりでなく、例えば供給事業については、食料品、衣料品というような別、利用事業については、経理を別にしているそれぞれの施設別というような別まで含まれるものである。実際問題としては、組合の経理の実態に応じ、事務処理があまり煩雑にならないよう、また組合員の間に割戻しの不公平が生じないよう考慮して、割戻しの事業種類別を定めるべきである」としています。
　この「解説」の考え方によれば、①.供給事業、利用事業などの事業ごとに区別して割戻すこと、②.店舗、宅配事業等の業態ごとに区別して割戻すこと、③.店舗別に区別して割戻すことのいずれも当該規定にいう「事業別」の利用分量割戻しとして可能であると考えられます。た

[利用分量割戻し]

だし、その場合には、事業別、業態別、店舗別に、本部管理費の配賦を含めて損益が明確になるように経理されていることが必要となります。

> **知っ得メモ No.61　割戻しの対象となる組合員**
>
> 　剰余金割戻請求権は組合員たる地位に基づく権利であり、組合員以外の者は割戻しを求める権利を有しません。もっとも、剰余金の割り戻しを行うか否かは毎事業年度の剰余金処分において決定する事項ですから、その決定が行われるまではいわば抽象的権利にとどまるのであって、具体的な債権とは言えません。つまり、具体的な債権としての剰余金割戻請求権は、総代会における剰余金処分案の承認によって、総代会当日に在籍する組合員に発生するものと解されます。
>
> 　したがって、総代会当日までの間に脱退した者は請求権を有しないこととなりますから、総代会当日に在籍する組合員を対象として行うことが適切です。

[出資配当]

7-5

出資額が一定金額以下の組合員に出資配当しないという扱いは可能か

> 当生協では加入時出資金を3000円で運用しているが、出資金額が3000円未満の組合員に対して出資配当をしないという扱いをすることができるか。

　出資金額が3000円未満の組合員を出資配当の対象から除外することはできないものと解されます。

　生協法第52条第2項は、剰余金の割戻しについて「組合員の組合事業の利用分量又は払い込んだ出資額に応ずるほか、これを行なってはならない」と定めています。この規定は、生協が行う剰余金の割戻しにつき、「組合事業の利用分量」「払い込んだ出資額」に対して総(代)会で決定した一律の割戻率で計算した額を各組合員ごとに割り戻すことを意味しており、利用分量や出資額の多少に応じて異なる割戻率を設定することまでを許容したものではないと解されます。

　また、総(代)会において剰余金の割戻しを決定した場合に、当該決定に基づいて割戻しを受けることは組合員たる地位に由来する権利です。定款・規約等に基づく正当な手続により組合員としての権利が停止されるような例外的な場合を除き、この権利を奪うことはできません。

　以上のことから、本事例において出資金額が3000円未満の組合員を出資配当の対象から除外することはできないものと解されます。

[出資配当]

> **知っ得メモ No.62　出資配当の期中増資分の計算**
>
> 　出資金は期中に変動するものであるため、出資配当を実施するにあたって、期末現在の出資金をもとに一律の配当率で出資配当を行うことは、公平性を欠くとともに、配当率が年1割をこえてはならないという生協法第52条第4項の規定に反するおそれがあります。例えば、期末の1ヶ月前に加入した組合員について、出資額の5％の配当を行うとした場合、年率換算では60％の配当が行われていることになります。したがって、期中増資分については月数、日数による按分計算を行うことが必要です。

7-6

理事会議事録を開示しなくて良い「正当な理由」とはどのようなものか

> 理事会議事録を開示しなくて良い「正当な理由」とはどのようなものか。

　生協や子会社等に著しい損害を及ぼす場合や、組合員共同の利益を害する場合などが該当するものと考えられますが、どのような場合に開示を拒むことができるかについて、具体的な案件を想定しつつ、情報開示規則等で明確にしておくことが適切です。

　理事会議事録については、組合員・債権者に対して主たる事務所で10年間、従たる事務所で5年間の備え置きと開示（＝閲覧・謄写請求等への対応）が義務付けられました。組合員は業務取扱時間内はいつでも開示請求でき、正当な理由がなければ生協はそれを拒むことはできません。また、債権者は役員の責任を追及するために必要がある場合に限り、裁判所の許可を得て開示請求ができるとされています（以上、生協法第30条の7第1項～第6項）。これは、理事会が法定の機関として位置づけられたことや、理事会の生協運営上の重要性に由来するものです。

　不開示事由については特に規定されていないため解釈によることになりますが、他の法律の規定や解釈状況からみて、生協や子会社等に著しい損害を及ぼす場合や、組合員共同の利益を害する場合、組合員又は生協の債権者としての権利の行使に係る請求でない場合、知りえた事実を利益を得て他人に通報しようとする場合、などがこれに該当するものと考えられます。

　理事会には事業上の機密事項などについても付議されるため、どのような場合に開示を拒むことができるかについて、具体的な案件を想定しつつ、情報開示規則等で明確にしておくことが適切です。

[書類の備置、閲覧]

> **知っ得メモ No.63　情報開示制度の概要**
>
> 　改正生協法では、開示すべき書面が拡大されるとともに、請求権の範囲も、閲覧（見ること）だけでなく謄写（書き写すこと）にまで及び、書面によっては謄本・抄本の交付の請求ができるなど、情報開示制度は大きく変更されました。日常的には、以下の書類について備え置き、開示を拒む正当な理由がない限り、組合員や債権者の請求に応じて開示しなければなりません。
>
> | 書　類 | 備置場所 | 備置期間 | 請求できること | 法の規定 |
> |---|---|---|---|---|
> | 組合員名簿 | 主たる事務所 | （常時） | 閲覧、謄写　★5 | 第25条の2 |
> | 定款・規約 | 各事務所 | （常時） | 閲覧、謄写　★5 | 第26条の5 |
> | 理事会議事録 | 各事務所 | [主]10年　★1
[従]5年　★2 | 閲覧、謄写　★5・★6 | 第30条の7 |
> | 決算関係書類等 | 各事務所 | [主]5年　★1
[従]3年　★3 | 閲覧、謄本・抄本の交付　★5 | 第31条の7 |
> | 総(代)会議事録 | 各事務所 | [主]10年　★1
[従]5年　★4 | 閲覧、謄写　★5 | 第45条 |
>
> ★1　備置期間は主たる事務所と従たる事務所で異なります。[主]は主たる事務所での備置期間、[従]は従たる事務所での備置期間を示しています。
>
> ★2　理事会議事録の備え置きは、法律上「理事会の日」からとされていますが、議事録作成に期間を要するため、合理的な期間内に作成し、作成後直ちに備え置く必要があります。
>
> ★3　決算関係書類の備え置きは、通常総(代)会の2週間前から行う必要があります。
>
> ★4　総(代)会議事録の備え置きは、法律上「総(代)会の日」からとされていますが、議事録作成に期間を要するため、合理的な期間内に作成し、作成後直ちに備え置く必要があります。
>
> ★5　「謄写」とは、請求者自らが書き写すことを指します。これに対して、「謄本・抄本の交付」とは写し（コピー）の交付を指します。
>
> ★6　理事会議事録には機密事項が含まれている可能性があるため、債権者による開示請求は、(a)役員の責任を追及するため必要な場合に、(b)裁判所の許可を受けて行うことが条件となっています。

[公告]

7-7

公告の方法は、事務所店頭の掲示のみでもよいか

> 定款に規定する公告の方法は、事務所店頭の掲示のみでもよいのか。

　「生協の事務所の店頭に掲示する方法」のほかに、「日刊新聞紙に掲載する方法」「電子公告による方法」のいずれかを定款に定めることが適切です。

　公告には、法で官報による公告が義務付けられているケース、法で定款記載の公告方法による公告が義務付けられているケース、その他、定款・規約の規定によるケース、の3つがあります。

　その公告の方法については、必ず定款に記載しなければならないものとして「生協の事務所の店頭に掲示する方法」があり、その他に定款に記載できる方法として「官報に掲載する方法」、「日刊新聞紙に掲載する方法」、「電子公告による方法」があります（生協法第26条第3項、模範定款例第78条）。この規定によれば、「生協の事務所の店頭に掲示する方法」のみ定款に記載することも可能です。

　しかし、公告をすべき事項の中には「知れている債権者」への異議を催告するものもあり、日刊新聞紙への掲載や電子公告によって行った場合には、各債権者への個別の通知は不要となるというメリットもあります。したがって、「生協の事務所の店頭に掲示する方法」のほかに、「日刊新聞紙に掲載する方法」「電子公告による方法」のいずれかを定款に定めることが適切です。なお、コスト面からは電子公告の方が有利だと思われます。

[公　告]

> **知っ得メモ　No.64**　電子公告を行った場合の登録調査機関による調査
>
> 　生協法では、電子公告を「電磁的方法により不特定多数の者が公告すべき内容である情報の提供を受けることができる状態に置く措置であって同号に規定するもの［会社法第2条第34号…引用者注記］をとる公告方法をいう」（同法第26条第3項第3号）と定義しています。具体的にはWEBサイトのインターネットによる公開がこれにあたります。
>
> 　電子公告は、その性格上、掲載内容を容易に変更し得るものであるため、常時同一の掲載内容を保証するための措置が必要です。そのため、企業・各種法人等の電子公告がホームページ上に掲載されている期間、内容が改ざんされることなく掲載されていることを調査し、公告期間終了後にその調査結果を書面で通知するサービスが法務省に登録された調査機関によって提供されています。
>
> 　この登録調査機関による調査が必要なのは、法定の公告事項に関して電子公告を行う場合に限られ（準用会社法第941条）、法令上に規定のない定款・規約の規定による公告（剰余金の割戻しや総代・役員の選挙公告）の場合は、登録調査機関による調査は必要ありません。

[決算・経理等]

7-8

欠損金を生じた場合、任意積立金等により填補しなければならないか

> 模範定款例第73条は、欠損金が生じた場合に、繰越剰余金、任意積立金、法定準備金の順に取り崩し填補する旨を定めているが、年度の決算において当期欠損金を生じた場合、必ず填補しなければならないか。

　義務ではありませんが、原則として填補することが妥当と考えられます。

　模範定款例第73条は、「この組合は、欠損金が生じたときは、繰越剰余金、前条の規定により積み立てた積立金（任意積立金―引用者注）、法定準備金の順に取り崩してそのてん補に充てるものとする」と定めています。
　この規定の趣旨は、欠損金の処理にあたって、繰越剰余金、任意積立金が存在する場合には、この順位で優先して填補し、なお欠損金を処理できない場合に限り法定準備金の取り崩しによる填補を認めることにあり、欠損金を生じた場合にこれを繰越剰余金等によって填補すること自体を義務づける趣旨ではないと解されています。しかし、会計処理上、未処理の欠損金を長期にわたって放置することは望ましくはありませんので、少額の欠損である場合や、突発的な欠損であって次期の当期剰余金で処理することができる見通しである場合などを除き、原則として填補することが妥当と考えられます。

[決算・経理等]

> **知っ得メモ No.65** 期中での利用分量割戻し
>
> 　剰余金処分による割戻しについては、生協法第52条のほか、定款にも規定を設けているため、これらの規定にしたがって行うことが必要です。
>
> 　しかし、期中に供給促進や値引きの趣旨で行う割戻しについては、法令や定款に特段の規定がないため、組合員の合意を得られる範囲でしかるべき機関の決定を経て行う限り法的な問題を生じません。期中に行う利用分量割戻しの目的は、組合員への還元と供給促進という2点であることが通例であり、例えば割引券による割戻しやレジでのポイントカードによる割戻しは、剰余金の割戻しに関する定款の規定とは別に考えて差し支えありません。

[登 記]

7-9

定款変更と代表理事選定に伴う変更登記の時期はいつか

> 今年の通常総代会では、役員を改選するとともに、定款の事業に関する規定の改正を行った。通常総代会後の第1回理事会で代表理事を選定したが、この場合、変更登記や印鑑登録はどのように行うべきか。

　定款に定める事業の変更登記は、当該定款変更に係る認可書の到達後2週間以内に行う必要があり、代表理事の変更については、代表理事を選定した理事会から2週間以内に変更登記を行う必要があります。

　生協の「事業」は生協法第74条第2項第1号、「代表権を有する者の氏名、住所及び資格」は同項第5号により登記事項とされています。また、同法第75条により登記事項に変更を生じたときは、出資の総口数及び払い込んだ出資の総額の変更の場合を除き、2週間以内に主たる事務所の所在地において変更の登記をしなければならないと定められています。

　生協の事業の変更は定款変更により行われるものですが、同法第40条第4項によって、定款の変更は当該行政庁の認可を受けなければ効力を生じません。こうした行政庁の認可を必要とするものの登記の期間については、同法第91条において「その認可書の到達した日から起算する」と定めています。したがって、定款に定める事業の変更登記については、当該定款変更に係る行政庁の認可書の到達後2週間以内に行う必要があります。

　これに対して、代表理事の変更については行政庁の認可を必要としませんので、法の規定により代表理事を選定した理事会から2週間以内に変更登記を行なう必要があります。この変更登記には、代表理事を選定した理事会の議事録、就任承諾書、印鑑証明書などが添付書類として求

［登　記］

められますので、事前に法務局（登記所）と確認しておくことが適切です。なお、代表理事の変更登記の際には、これにあわせて代表理事が使用する印鑑を登録する必要があります。

> **知っ得メモ　No.66**　登記を要する事項と変更登記
>
> 　登記を要する事項については、生協法第74条第2項各号において以下のように規定されています。
> ①．第26条第1項第1号から第3号までに掲げる事項（「事業」「名称」「地域又は職域」）
> ②．事務所の所在場所
> ③．出資1口の金額及びその払込みの方法並びに出資の総口数及び払い込んだ出資の総額
> ④．存立時期を定めたときは、その時期
> ⑤．代表権を有する者の氏名、住所及び資格
> ⑥．公告方法
> ⑦．第26条第3項の定めが電子公告を公告方法とする旨のものであるときは、次に掲げる事項
> 　イ．〜略〜（URL）
> 　ロ．〜略〜（電子公告ができない場合の代替方法）
>
> 　これらの事項のいずれかについて変更があった場合には、生協法第75条第1項により、主たる事務所の所在地において2週間以内に変更の登記を行う必要があります（従たる事務所を設けた場合または住所変更を行った場合は、同法第81条により、従たる事務所が主たる事務所の管轄登記所内にある場合を除き、当該従たる事務所の所在地においても3週間以内に変更の登記を行う必要があります）。ただし、「出資の総口数及び払い込んだ出資の総額」については常に変動するものですから、第2項に特則が設けられており、（毎事業年度末日現在により）事業年度終了後4週間以内に変更の登記を行うことができます。
> 　なお、これらを怠ると同法第100条第45号により20万円以下の過料に処せられます。

[その他]

7-10

選挙の効力が法的に争われる手段としてどのような方法があるか

> 当生協では、役員選挙で候補者が定数以内である場合、候補者名簿を一括して賛否を問う慣行になっているが、このような方法で役員選挙を行った場合に、どのような方法で選挙の法的効力を争われる可能性があるか。

　総組合員（総総代）の10分の1以上の同意に基づく行政庁への「取消し」請求が考えられます。また、選挙「不存在」の確認の訴えもありえます。

　総(代)会の議決、選挙の法的効力を否定する形式としては、「取消し」、「無効」、「不存在」の3通りがあり、瑕疵の性質や程度に応じて、次のような形で争われます。

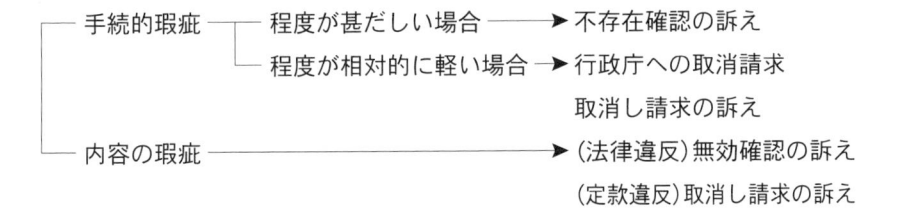

```
┌ 手続的瑕疵 ┬ 程度が甚だしい場合 ─────→ 不存在確認の訴え
│           └ 程度が相対的に軽い場合 →  行政庁への取消請求
│                                      取消し請求の訴え
└ 内容の瑕疵 ─────────────→ （法律違反）無効確認の訴え
                                        （定款違反）取消し請求の訴え
```

　瑕疵は手続的瑕疵と内容の瑕疵に大別されます。手続的瑕疵とは、総(代)会の招集、議事、議決の方法が法令等に違反する場合であり、内容の瑕疵とは総(代)会議決の内容が法令等に違反する場合です。
　議決の内容に瑕疵がある場合は、法令違反と定款違反に大別されます。法令に違反していれば当該議決は当然に「無効」であり、無効確認の訴えを提起することができます（準用会社法第830条第2項）。提訴期限に

[その他]

制限はありません。また、定款違反であれば、「取消し」請求の対象となります（準用会社法第831条第1項第2号）。

　手続的瑕疵のある議決や選挙を法的に争う手段は、瑕疵の程度によって異なります。招集手続自体がないなど瑕疵の程度が甚だしく、総(代)会の議決や選挙があったかのような外観を呈していても、総(代)会の議決や選挙とはいえないような場合は、議決や選挙は「不存在」であり、不存在確認の訴えによって議決や選挙の効力を争うことができます（準用会社法第830条第1項）。

　他方、瑕疵の程度が相対的に軽微な場合には、議決や選挙は取消し原因をもつというレベルに留まり、取消しが行われない限り有効なものとして取り扱われます。

　招集手続、議決方法又は選挙が法令又は定款に違反する場合は、総組合員（総総代）の10分の1の同意に基づき、1ヶ月以内に行政庁に対して「取消し」を請求することができます（生協法第96条）。

　これとは別に、組合員、理事又は監事による総(代)会の議決の取消し請求の訴えの制度があります（準用会社法第831条第1項）。取消しを求める訴えが提起できるのは、招集手続又は決議方法が法令若しくは定款に違反、又は著しく不公正なとき（準用会社法第831条第1項第1号）ないし特別な利害関係を持つ者が議決権を行使したことによって著しく不当な決議がなされたとき（準用会社法第831条第1項第3号）です。この訴えは単独でも提起できますが、議決の日から3ヶ月以内に提訴する必要があり、その期間を経過した後は争うことができなくなり、議決は有効なものとして確定します。なお、招集手続や決議方法の法令違反や定款違反があっても、違反の事実が重要でなく、決議や選挙に影響を及ぼさないと裁判所が認めた場合、訴えが棄却されることもあります（準用会社法第831条第2項）。

　手続的瑕疵の場合、議決や選挙が不存在となるか取消し原因をもつというレベルに留まるかは、株式会社に関する学説によれば「招集権限を有する者による招集行為があったか否か」が判断基準とされていますので、この考え方にしたがうのが妥当と考えられます。

[その他]

　以上の枠組みを前提に、本事例で当該選挙の効力を法的に争う方法を検討します。
　まず、選任された役員の数が定款に定める役員の定数を超えたり（生協法第28条第1項違反）、員外理事が定数の3分の1を超えたり（第28条第3項違反）、不適格者を選出している（第29条の3違反）というような、法令違反にあたる議決内容の瑕疵はありませんから、「無効」にはあたりません。
　しかし、選挙とは、「選挙人が被選挙人を個々に指名し、その得票の多少に応じて当選を決定するという選出方法」を意味します。本事例の方法はこのような要件を満たしていないため、手続的に瑕疵があることになります。したがって、本事例では、生協法第96条に基づく取消しの原因があり、行政庁に対する「取消し」請求が成り立ちます。また、選挙というべきものが行われなかったということで選挙「不存在」の確認の訴えもありえます。
　なお、本事例の場合、選挙方式で、候補者が定数以内なので、信任投票を行うか無投票当選とするかを定款ないし役員選挙規約に定めておき、それにしたがうのが適切です。特に定めがなければ信任投票を行う必要があります。他方、候補者名簿を一括して賛否を問う方法は役員選任方式にあたります。定款に選挙方式を定めた上でこの方法を行えば効力が争われますが、定款の定めを選任方式とし、候補者名簿を理事会で決定し議案として提出した上で、候補者名簿を一括して賛否を問う方式で役員を選出するのであれば、問題はありません。

7-10　選挙の効力が法的に争われる手段としてどのような方法があるか　215

事例で学ぶ改正生協法

[発行日] 2010年2月20日　初版1刷
[検印廃止]
[編著者] 日本生活協同組合連合会会員支援本部
[発行者] 芳賀唯史
[発行元] 日本生活協同組合連合会出版部
　　　　〒150-8913　東京都渋谷区渋谷3-29-8　コーププラザ
　　　　TEL 03-5778-8183
[発売元] コープ出版(株)
　　　　〒150-8913　東京都渋谷区渋谷3-29-8　コーププラザ
　　　　TEL 03-5778-8050
　　　　www.coop-book.jp
[装丁・制作] OVERALL
[印　刷] 日経印刷

Printed in Japan
本書の無断複写複製(コピー)は特定の場合を除き、著作者、出版者の権利侵害になります。
ISBN978-4-87332-295-7　　　　　　　　　　　　　落丁本・乱丁本はお取り替えいたします。